제2판

Check-in GPS 시리즈 1

Global Business Manner and Communication

성공적인 삶을 위한

글로벌 비즈니스 매너와 커뮤니케이션

한수정·우소연 공저

(주)백산출판사

머리말

'성공' '잘나가는'의 기준과 가치는 사람마다 다를 것이다. 하지만 사회적으로 자신의 일과 위치에서 긍정적인 평가를 받는 사람들을 두고 우리는 '성공한 사람' '잘나가는 사람'으로 인정하고 있다.

미국 컬럼비아대학 MBA과정에서 기업 CEO를 대상으로 흥미로운 설문조사가 진행되었다. 설문조사 내용은 "당신의 성공 비결은 무엇입니까?"였다.

조사에 응한 CEO들의 답변은 놀랍게도 무려 93%가 '매너'라고 답했다. 이 설문조사 결과는 우리에게 많은 것을 시사한다. 성공적인 삶, 성공적인 비즈니스에는 당연히 업무적으로 많은 것들이 요구되겠지만 그 업무를 진행하는 사람의 매너가 굉장히 큰 영향을 준다는 사실을 알 수 있다.

우수기업 CEO들을 대상으로 한 설문조사 (미국 컬럼비아대학 MBA과정)

"당신의 성공에 가장 큰 영향을 준 요인은?"

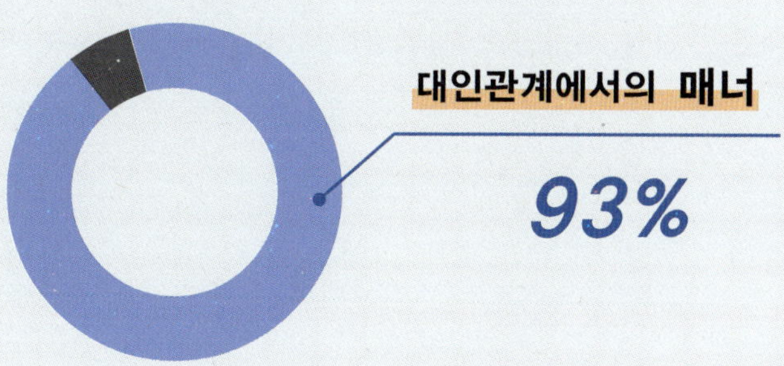

기왕이면 다홍치마라고 하지 않던가. 조금 더 쉽게 생각해 보면 더욱 명확해진다. 함께 일하는데 기왕이면 매너 좋은 사람과 일하고 싶지 않을까?

우리나라에서도 비슷한 설문조사가 있었다.

"조직 내(직장 내)에서 인정받고 성공하려면 무엇이 필요할까?"

역시나 1위는 매너였다.

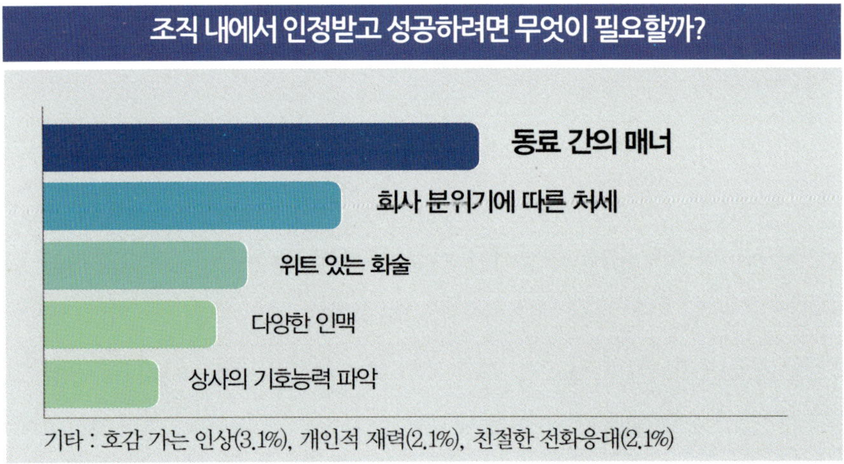

출처 : 취업포털 잡코리아(직장인 1412명 대상)

이렇게 필요하고도 중요한 매너. 어떻게 하면 매너 있는 사람이 되고 성공적인 삶을 살 수 있을까?라는 질문을 던지게 될 것이다.

단언컨대, 이 책에는 그 질문에 대한 시원한 해답이 담겨 있다. '글로벌 비즈니스 매너와 커뮤니케이션'은 관계와 말을 연구하는 기업 전문강사인 저자 한수정, 우소연이 교육 현장에서의 느낌을 바탕으로 집필했다. 따라서 많은 사람들이 궁금해 하는 것과 꼭 알아야 하는 내용들을 파트별 자가진단을 비롯한 솔루션을 통해 혼자서도 충분히 변화 · 성장할 수 있도록 도움을 줄 것이라 믿어 의심치 않는다.

2022년 8월
저자 씀

차 례

PART 1 비즈니스 매너

제1장 비즈니스 매너 vs 에티켓

제2장 이미지메이킹

제3장 비즈니스 인사 매너

제4장 비즈니스 악수 매너

제5장 비즈니스 명함 매너

제6장 비즈니스 전화 매너

제7장 비즈니스 휴대전화 매너

제8장 의전 매너

제9장 경조사 매너

제10장 비즈니스 식사 매너

제11장 와인 매너

제12장 글로벌 매너와 에티켓

PART2 비즈니스 커뮤니케이션

제1장 비즈니스 커뮤니케이션의 이해와 활용

제2장 비언어적 커뮤니케이션 활용법

제3장 세일즈 커뮤니케이션

제4장 관계 커뮤니케이션

제5장 업무 커뮤니케이션

제6장 관계를 더하는 플러스 화법

글로벌 비즈니스 매너와 커뮤니케이션

PART
1

비즈니스 매너

제 1 장 비즈니스 매너 vs 에티켓

1. 매너와 에티켓의 기본 개념

길을 가다 지인을 만나면 인사를 한다. 이때 인사를 하는 것은 에티켓이며, 그 인사를 공손하게 했는지는 매너의 문제가 된다. 또 공중화장실에 들어가면 우리는 노크를 한다. 이 노크하는 행동 자체는 에티켓이라고 할 수 있다. 그런데 노크할 때 나의 급한 상황만을 생각해 화장실 문이 부서져라 크게 두드린다면 우리는 그런 사람을 '매너가 없다'라고 말한다. 이 상황에서의 행동을 정리해 보면 공중화장실에서의 에티켓은 있었으나 상대를 배려하는 조심스러운 노크가 아니었기에 매너는 좋지 않았다고 말할 수 있다.

에티켓은 의무적이고 공공적이며 규범적인 성격을 갖고 있다. 에티켓은 행동이 기준이 되어 '나 자신'에 관심을 두는 반면, 매너는 다르다. 사람들 각각의 독특한 행동과 습관을 말하며, 행동으로 나타내는 방법으로 '상대방'에 관심을 두는 것이 매너이다. 따라서 에티켓은 '있다, 없다'의 유무로 구분하고, 매너는 '좋다, 나쁘다'로 구분한다.

에티켓(Etiquette)	매너(Manner)
프랑스 고대어 꼬리표 붙이다(Estiquer)에서 유래	라틴어 마누아리우스(manuarius) 사람의 손이라는 의미 외에 사람의 행동 습관 등의 뜻을 내포
인간관계를 원활하게 하기 위한 규범으로 타인에 대한 마음의 형식과 행동기준을 의미	사람들 각각의 독특한 습관이자 마음가짐에서 나오는 몸가짐으로 인간의 행동양식을 의미
실제로 에티켓은 생활과 행동의 기본이라는 뜻이 포함되어 있으며 살기 위한 학문으로 쓰이는 프랑스어	습관적으로 반복하는 것을 매너리즘(mannerism)이라고 하듯이 관습적인 양식 즉 예의라는 뜻을 가진 영어표현이 됨
반드시 지켜야 하는 규범으로서 이것을 모르면 상류층으로 대접받을 수 없는 불문율 - 귀족 신분을 나타내주는 증표와 같은 것	어떤 일을 할 때 바람직하고 좀 더 쾌적하고 우아하다는 감각에서 생겨난 습관으로 행동방식을 의미
형식(forms) '있다' 또는 '없다'의 유무로 평가	방식(ways) '좋다' 또는 '나쁘다'의 질로 평가
아무리 에티켓에 부합하는 행동이라도 매너가 좋지 않았다면 세련되고 품위 있는 행동방식이라 볼 수 없다. 오늘날 에티켓, 매너, 예절은 인간이 사회적 동물로서 타인과 함께 살아가는 과정에 있어 필요한 행동방식과 마음가짐, 규범 등을 뜻하는 것으로 동일하게 사용되고 있다. 또한 실생활에서는 상황에 맞는 매너가 가장 강조되고도 있다.	

공중화장실에 에티켓 벨이 있다

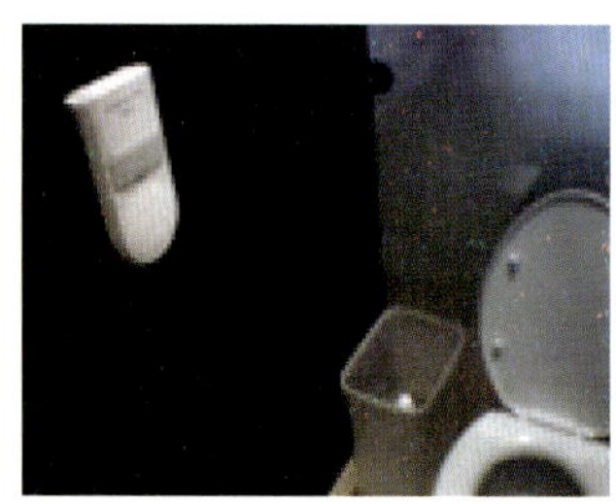

특히 여성 화장실에 많이 비치되어 있는 이 벨의 명칭은 '에티켓 벨'이라고 한다. 이 벨의 용도는 용변을 보는 과정에서 생기는 소리로 본인이 민망하거나 다른 사람들이 불편해 할 수도 있는 상황을 방지하고자 새소리, 물소리, 음악 등으로 숨기는 역할을 해준다. 그런데 과연 '에티켓 벨'이라는 명칭이 맞는 것일까?

여성 화장실에 많이 비치되어 있기에 남성의 경우에는 이 글을 읽으면서 "그런 벨이 다 있어?"라며 생소한 반응을 보일 수도 있다. 여성의 경우에는 "난 눌러본 적이 없는데" 혹은 "사용해봤더니 더 민망하던데" 등의 반응을 보일 수 있다.

결국 이 에티켓 벨은 선택적 사용이 가능하다. 의무적이며 공공적인 규범적 성격을 갖고 있는 에티켓과는 맞지 않는 벨이다. 따라서 엄밀히 말하면 이 벨의 명칭은 '매너 벨'이 더 맞다고 볼 수 있다.

인간은 사회적 동물이다. 또 에티켓은 사회적으로 약속한 의무와 책임을 가지고 당연히 행해야 하는 것이다. 때문에 에티켓은 꼭 지켜야 한다.

반면 매너는 누가 시켜서 하고, 하라고 명령해서 하는 것이 아니다. 약속을 지켜야 하는 의무사항은 아니지만 상대방을 존중하고 배려하는 마음으로 사회생활, 비즈니스에 있어 꼭 필요하다고 말하고 싶다.

2. 글로벌 매너의 필요성과 동서양의 차이점

글로벌 시대의 에티켓과 매너는 동서양의 문화를 통합, 절충하여 새로운 행동지침으로 마련되어야 한다. 개별성이 존중되는 동시에 타인과의 화합이 가능하며 도덕적으로 질서 있는 사회가 되어야 할 것이다. 또한 수평적이고 평등한 에티켓과 매너를 지향해야 하는데 민족, 문화, 평등에 따른 차별이 있어서는 안 되며, 특히 동양의 가부장제 문화에서 서양 중세의 기사도 정신을 바탕으로 유래한 레이디 퍼스트를 토대로 남녀 간의 평등한 삶을 추구해야 한다.

동양 예절	서양 매너
자기 자신을 낮추고 타인을 높인다.	적극적인 사고와 행동 지향을 표현
내면적 진실성을 강조	외면적 측면을 강조
신분관계를 중시한 수직성	신변의 안전을 중시한 수평성
웃어른을 공경하는 마음이 기본(유교 영향)	여성을 보호하는 마음이 기본 (중세 기사도 정신 영향)

무엇보다 중요한 것은 이문화를 이해하려는 노력이다. 다른 문화를 인정하는 의식구조의 선진화가 우선시되어야 한다. (외국문화, 다문화를 직접 체험하려는 거시적인 노력도 필요함)

TIP! 상식 더하기

동서양 문화 비교

동양문화

동아시아 대륙에서 생성되고 발달한 대륙문명. 히말라야산맥과 항해가 힘든 태평양 연안의 지형적 요소로 인해 닫힌 세계 속 농업이 발달(폐쇄적이고 보수적)

예) 국을 먹을 때 숟가락을 밖에서 몸 안쪽으로 떠서 먹는다.
 – 자연에 귀속된 인간으로서 조화의 문화로 발전

예) 자기소개 시 '소속회사, 부서명, 직위, 이름' 순으로 말하므로 우리의 관계를 중요시 여긴다.

서양문화

지중해의 해양을 중심으로 발달한 해양문화. 지중해 바다를 항해하면서 열린 세계의 항해술이 발달(개방적)

예) 수프를 먹을 때 숟가락을 안에서 밖으로 떠서 먹는다.
 – 인간과 자연의 분리 개념으로서 개체를 중시하는 문화로 발전

예) 자기소개 시 자신의 이름을 먼저 말하므로 나를 중요시여긴다.

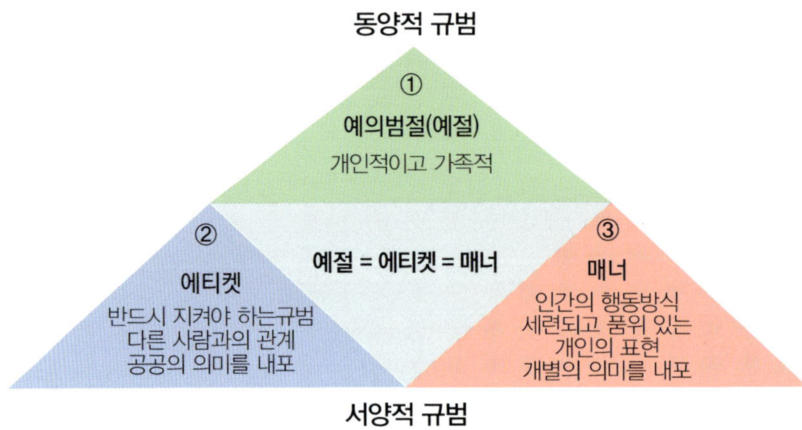

[비즈니스 매너 셀프 체크]

나의 비즈니스 매너를 객관화시켜 보고 어떤 부분이 부족한지와 그에 맞는 솔루션은 무엇인지 자가진단을 통해 알아보자. (진단 내용 : 매너, 이미지, 커뮤니케이션 종합평가)

*체크 방법 : 각 문항별 나의 점수를 최고 5점부터 최저 1점까지 체크한다.

No	문항	점수				
1	좋은 인상을 주기 위해 표정관리를 하려 노력한다.	5	4	3	2	1
2	대화 시 상대방과의 눈맞춤, 시선처리를 잘 한다.	5	4	3	2	1
3	장소, 시간, 상대에 맞게 옷차림을 갖춰 입는다.	5	4	3	2	1
4	서 있는 자세와 앉아 있는 자세에도 신경을 쓴다.	5	4	3	2	1
5	음식 및 차를 비롯한 다과 등을 먹을 때 상대방과 먹는 속도를 맞춰준다.	5	4	3	2	1
6	스케줄을 잘 정리한다.	5	4	3	2	1
7	업무 책상의 정리정돈 상태가 깔끔하다.	5	4	3	2	1
8	평소 명함 케이스 활용 및 명함 관리를 잘 한다.	5	4	3	2	1
9	약속 시간 전에 도착을 먼저 하는 등 시간 약속을 잘 지킨다.	5	4	3	2	1
10	나의 생각을 잘 전달하기 위해 논리적으로 말하려 노력한다.	5	4	3	2	1
11	배려와 감사, 칭찬 등의 긍정적인 말을 잘 하는 편이다.	5	4	3	2	1
12	손톱, 헤어, 수염, 메이크업 등 용모를 깨끗하게 신경 써서 관리한다.	5	4	3	2	1
13	대화 시 전달력 높은 목소리와 말로 의미 전달을 잘 한다.	5	4	3	2	1
14	말하기보다는 듣는 것을 잘 하려 노력한다.	5	4	3	2	1
15	항상 먼저 인사하는 습관을 갖고 있다.	5	4	3	2	1
16	스트레스, 감정 관리를 위해 생산적인 노력을 한다.	5	4	3	2	1
17	자존감을 위한 자기개발 및 노력을 한다.	5	4	3	2	1
18	상대방을 위한 배려의 행동을 하려 노력한다.	5	4	3	2	1
19	실수를 인정하고 상대방에게 진심의 사과를 잘 한다.	5	4	3	2	1
20	뚜렷한 목표가 있고 목표를 이루기 위한 노력을 한다.	5	4	3	2	1

⊙결과

100점 : 와우, 당신은 성공적인 비즈니스를 위한 준비가 완벽한 굿매너 굿피플

90점~99점 : 이미 당신은 굿매너 굿피플로 비즈니스 매너가 훌륭한 사람

85점~89점 : 호감과 신뢰감을 어느 정도 갖춘 굿매너 굿피플이 될 가능성이 있는 사람

75점~84점 : 조금만 보완한다면 굿매너 굿피플이 될 가능성이 있는 사람

74점~55점 : 비즈니스 매너에 대한 개념 이해와 노력이 필요한 사람

54점 미만 : 많은 노력이 필요함

제 2 장 이미지메이킹

1. 이미지메이킹의 개념과 중요성

'생긴 건 조상 탓 스타일은 내 탓'이라고 유명 패션스타일리스트가 말했다. 하지만 때로는 형식이 내용을 지배하는 만큼 꼭 틀린 말도 아닐 것이다.

한 사람에 대해 갖는 시각상이나 기억, 평가, 인상 및 태도 등에서 전해져 오는 느낌과 그 느낌에 대한 인식 주체의 확신은 실재하는 즉, 본질을 뛰어넘을 만큼 강력한 영향력을 발휘하기도 하기 때문이다.

이미지의 단어 어원은 라틴어 Imago로서 모방이라는 뜻을 지니고 있다. 쉽게 말해서 '어떤 대상에서 연상되는 느낌'을 의미한다고 볼 수 있고 더 넓게는 '어떤 대상의 외적 형태를 인위적으로 모방하거나 재현하는 것'이라는 의미를 포함하기도 한다.

누구라도 좋다. 아는 사람 하나를 생각해 보자. 지금 떠올린 사람을 한마디로 표현한다면 어떻게 말할 수 있을까? 이번에는 나 자신에 대한 객관적인 평가를 내려보자. 나 자신을 한마디로 표현한다면 뭐라고 말할 수 있겠는가?

처음 만난 사람을 평가할 때 내가 만난 사람의 첫인상과 첫 이미지가 지적 능력과 활동보다 더 강하게 기억에 남는다고 심리학자들은 말한다.

우리는 그 사람에 대한 수많은 느낌과 감정, 생각들이 모여 '어떠한 이미지'라고 말한다. 이를테면 표정, 말투, 음성, 옷차림, 헤어스타일, 앉거나 서 있는 자세, 걸음걸이, 얼굴 생김새 등등 그 사람의 전반적인 모습을 하나의 이미지로 정리하기도 한다. 즉, 성격이 좋다, 나쁘다, 성격이 급하다, 느리다 등과 같이 심리적인 기준이 중요한 역할을 한다는 것이다.

외적 이미지(외모 : Appearance)			내적 이미지(인성 : Personality)		
얼굴 이미지(눈)	목소리	표정	가치관	신념	지적 수준
태도	용모	제스처	판단력	성향/성격	목표(꿈)
체형	복장	메이크업			

자신이 갖고 있는 이미지 중에서 장점을 더욱 부각시키고 반대로 단점을 보완한다면 타인에게 더욱 호감을 주는 긍정적이고도 차별화된 이미지를 만들어 보여줄 수도 있다. 이것이 바로 이미지메이킹이다.

과거에는 이미지메이킹이라고 하면 방송인이나 연예인, 정치인 등 특정 직업군만이 하는 것으로 생각하기도 했다. 하지만 성공적인 비즈니스를 위해서 이제는 이미지메이킹은 선택이 아닌 필수가 된 시대에 우리는 살고 있다고 해도 과언이 아닐 것이다.

[비즈니스 이미지메이킹 셀프 체크]

비즈니스에 임하는 평소 나의 이미지는 어떠한지 자가진단을 객관적으로 해보자.

*진단방법 : 해당 문항에 점수를 체크한 뒤 합산한다.

No	문항	점수				
1	나는 나의 체형에 맞는 옷을 잘 챙겨 입고 있다.	5	4	3	2	1
2	나는 나의 퍼스널 컬러(나에게 어울리는 컬러)를 알고 있다.	5	4	3	2	1
3	상대방의 직함, 이름과 관심사 등을 기억하고 언급하는 습관이 있다.	5	4	3	2	1
4	긍정, 칭찬의 말을 잘 사용한다.	5	4	3	2	1
5	깔끔한 외적 이미지를 위해 평소 신경을 쓰는 편이다.	5	4	3	2	1
6	가식이 아닌 진심으로 마음의 문을 연다.	5	4	3	2	1
7	올바른 경어를 사용한다.	5	4	3	2	1
8	평소 명함 케이스 활용 및 명함 관리를 잘 한다.	5	4	3	2	1
9	내용에 맞는 표정 연출이 가능하다.	5	4	3	2	1
10	눈맞춤을 잘한다.	5	4	3	2	1

⊙결과

45점~50점 : 이미지가 매우 좋다.

35점~44점 : 호감형 이미지

25점~34점 : 보통

24점 미만 : 비호감(비즈니스 매너에 대한 개념 이해와 노력이 필요한 사람)

2. 표정 이미지메이킹

관계에 있어서 상대방에게 신뢰감과 호감을 주는 사람들의 이미지를 분석해보면 표정은 온화하면서도 밝고 긍정적인 사람들이 많다. 거기에 단정한 옷차림과 품격 있는 말투, 그리고 산만하지 않은 태도까지 더해진다면 우리는 상대방을 향해 마음을 열고 신뢰하게 된다. 결론은 확실하다. 상대방에게 호감을 주는 얼굴의 눈과 입이 긍정적 표정으로 나타난다면 원만한 대인관계는 물론이고 업무적으로도 긍정의 결과를 내기에 유리하다.

결국 긍정적인 이미지란 내면의 이미지가 표정, 태도, 옷차림, 말투 등과 잘 어울릴 때 100% 발휘되는 것이다. 상대방을 바라보는 시선과 표정은 호의와 관심, 감정 등이 매우 빠르게 전달되기 때문에 본격적인 업무 미팅이 시작되기 전에 매우 중요한 요소가 될 수밖에 없다.

하지만 면접 자리나 업무상 미팅 자리에서 잘 해보겠다는 의지가 너무 앞선 나머지 상대방을 지속적으로 힘주어 바라보는 시선은 오히려 부담을 준다. 또한 의심이 많고 무엇인가 알아내려 하는 의도를 가진 사람으로 보이기도 한다.

역으로 상대방의 눈을 제대로 바라보지 못하고 시선처리가 미숙하게 되면 자신감이 없어 보일 뿐만 아니라 '저 사람은 대인관계에서 어려움이 있는 사람이 아닐까' 개인적으로 비호감 이미지화될 우려가 있다. 업무상 미팅이라면 '사업 제안에 불만이 있는 것인가?' 하는 업무적으로 부정 감정이 생길 수 있다.

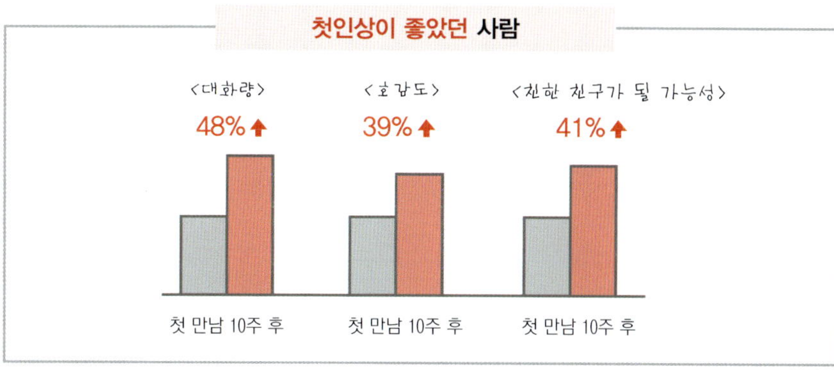

출처 : 미네소타대학 심리학과 마이클 선나프랭크 교수의 첫인상 실험

첫인상, 첫 이미지란, 처음 대면하는 극히 짧은 시간에 그 사람에 대한 평가와 결론을 내리는 것으로 처음 보는 사람에 대해 갖는 최초의 이미지이자 타인에게 자신을 개방하는 최초의 단계가 된다. 사회조직 속에서 개인 또는 사회적 상호작용에 중요한 역할인 만큼 첫인상에서 상대의 이미지가 어떤 방식으로라도 인식이 되면 계속해서 강력한 영향력을 행사하고 이후의 관계형성에 키 포인트가 된다는 것을 우리는 잘 알고 있다.

면접심사, 채용 전문 심사위원을 비롯해 다양한 말하기 대회 등 여러 심사활동을 오래 하면서 가장 많이 받는 질문이 있다. 그중 대표적인 것은 “면접 시 무엇을 가장 중점적으로 봅니까?” 혹은 “면접에서 첫인상이 중요한가요?” “첫 대면 시 외모가 결과에 영향을 주나요?” 이와 같은 질문들이다.

결론부터 말하자면 “아니오”라고 말할 수 없다. 표정은 첫인상으로 판단하기 쉬운데 ‘드닌’이라는 심리학자는 사람의 이미지는 4분 안에 결정된다고 말했다. 또 다른 연구들의 결과를 보면 4분은 그래도 좋은 인상을 심어주기에 충분히 긴 시간으로 볼 수 있다. 3~15초 사이에 첫인상이 결정된다는 말을 모두 들어봤을 것이다. 그런 만큼 첫인상을 결정짓는 데 큰 영향을 주는 좋은 표정을 만들기 위한 노력이 필요하다.

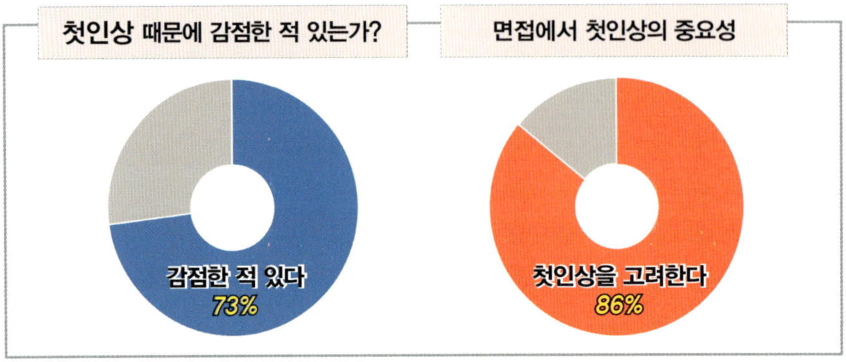

출처 : 조사기관 ; 잡코리아, 조사대상 ; 기업체 인사담당자 288명

이미지 고착에 영향을 주는 효과

① 초두효과 Primacy Effect

첫 만남부터 상대방에 대한 평가를 시작하고 대부분 즉시 그 사람의 가치와 능력에 대한 판단을 첫인상을 통해 내리게 되는데, 어떤 사람에 대한 상반된 정보가 시간 간격을 두고 주어지면 앞의 정보가 뒤의 정보보다 인상 형성에 더 큰 영향을 미친다는 이론이다. 즉, 먼저 받은 정보인 첫인상이 이미지 형성에 더 큰 영향을 준다는 말이다.

② 후광효과 Halo Effect

한 가지 긍정적인 특징을 지니고 있는 사람은 다른 긍정적인 특성들도 모두 지니고 있을 것으로 일반화시켜 생각하는 경향이 있다는 이론이다. 호의를 느끼면 상대방이 보여주지 않은 측면도 좋게 평가하지만 싫어하는 사람은 모든 것을 부정적으로 생각하게 된다는 것이다. 특히나 외적 매력이 전반적인 인상 평가와 내적 평가에도 영향을 미친다.

③ 맥락효과 Context Effect

처음 제시된 정보가 나중에 제시되는 정보에 영향을 미치게 되어 전반적인 맥락을 제공하는 이론이다. 동일한 정보라 해도 첫인상에 따라

완전히 다르게 해석된다. 첫인상에 대해 처음 인지한 정보가 이후에 접하는 정보에 대한 근거로 제공되기 때문이다. 쉽게 말해, 같은 정보도 첫인상에 따라 다르게 해석된다는 말이다.

④ 부정성 효과 Negativity Effect

정보에 있어서 모든 것이 동일할 경우 부정적인 것이 인상 평가에 더 큰 비중을 차지한다는 이론이다. 첫인상에서 부정적인 정보를 접하면 쉽게 나쁜 쪽으로 이미지가 바뀔 수 있으며 그렇게 한번 각인된 첫인상은 긍정 정보가 적용되어도 쉽게 좋은 쪽으로 바뀌지 않는다. 즉, 부정 정보가 긍정 정보보다 첫인상 형성에 더 강력하게 작용한다.

⑤ 낙인효과 Stigma Effect

과거의 이력이 현재의 인물 평가와 첫인상 평가에 큰 영향을 준다는 이론이다. 특히나 부정적인 내용은 편견과 선입견으로 첫인상 형성이나 인간관계에도 매우 부정적인 영향을 주게 된다.

⑥ 최근효과 Recency Hallo Effect

초두효과와 반대의 의미로 시간적인 흐름에서 가장 마지막에 제공되는 정보나 가장 최근에 받은 이미지가 그 인물에 대한 인상 평가에 중요한 영향을 준다는 이론이다. 결국, 첫인상만큼이나 마지막 인상도 매우 중요하다는 말이다.

시간 흐름에 따른 이미지 판단요소와 특징

① 첫인상

첫인상과 관련된 여러 효과들 중에서도 초두효과와 후광효과는 첫만남에서 즉시 표정과 모습, 인사나 자세, 동작 등과 같은 것들로 평가가 된다. 주로 외적인 부분으로 상대편의 일방적 평가가 된다. 처음 만나 매우 짧은 시간 외모만으로 긍정과 부정적인 평가가 내려지게 되는 것이다.

② 중간 인상

이후 부정성 효과와 낙인효과 그리고 맥락효과는 만남이 진행되는 과정에서 행동과 대화를 통해 그 사람에 대한 이미지가 평가된다. 첫인상에 대한 평가는 지속적으로 영향을 받게 되지만 앞서 부정적인 첫인상을 바꿀 수 있는 아주 좋은 시기이며 첫인상이 긍정적이었던 사람은 본인의 긍정 이미지를 더욱 각인시킬 수 있다. 때문에 만남이 진행되는 과정에서는 말하는 태도와 내용 등에도 신경을 써야 한다.

③ 끝 인상

첫인상과 중간 인상에 이어 마지막 끝 인상에서 강력한 힘을 발휘하는 것은 바로 최근효과이다. 긍정적인 중간 인상을 마무리하고 호감과 긍정을 넘어서 신뢰감을 각인시켜 좋은 인간관계나 비즈니스로 이어갈 수 있다. 마지막은 소홀하기 쉽기 때문에 더욱더 감사 인사나 행동, 시선 등에 신경을 써줘야 한다. 업무상 필요하다면 만남이 정리된 후 전화 등으로 비즈니스 매너를 더해 신뢰감을 높임으로써 긍정적인 최근효과를 얻을 수 있다.

표정의 종류와 좋은 표정 훈련법

한 사람의 고정적인 표정은 평소 아무 생각 없이 늘상 짓는 표정이 자리를 잡았을 때 생긴다. 우리는 이 표정으로 그 사람의 평소 인상을 평가하기도 한다. 예를 들어, 평소 특별한 외부 자극이나 감정 변화가 없는 상태에서도 습관적으로 미간을 찌푸리는 사람의 경우 '인상 쓰는 사람'이라고 평가하게 된다.

표정은 크게 4가지로 구분 짓는데 무의식적 무표정, 의식적 무표정, 의식적 표정, 무의식적 표정이다. 무의식적인 상태에서도 긍정적인 인상을 위해 평소 좋은 표정 만들기 훈련이 필요하다.

얼굴에는 약 80여 개의 근육이 있고 이 근육들로부터 무려 7,000가지 이상의 표정을 지을 수 있다고 한다. 재미있는 사실은 부정 감정으로 인해 화가 나면 63개의 근육이 쓰이는데 반해 긍정 감정으로 인해 웃게 되면 훨씬 적은 13개의 근육이 사용된다고 한다.

때문에 우리는 좋은 인상, 좋은 표정을 위해 늘 밝고 긍정적인 생각을 갖고 평소에도 얼굴 근육을 움직여 웃는 표정 훈련을 자주 해줘야 한다.

이때 거울을 보면서 하거나 휴대폰이나 카메라 등으로 촬영해서 자신의 표정을 객관적으로 평가해 주면 더욱 효과적이다.

기본적인 표정 훈련

① 눈을 감았다 뜬 뒤 좌-우 위-아래 둥글게 원을 그리듯 눈동자를 움직인다.

② 손가락을 눈썹 위치에 두고 눈썹을 손가락 위로 올리는 연습을 반복한다.

③ 입을 다물고 볼에 바람을 넣어 부풀린 상태에서 좌우로 볼의 바람을 이동시킨다.

④ 목구멍을 하품하듯 확대시킨 다음 하, 헤, 히, 호, 후 소리를 세 번씩 내뱉는다.

검지와 발음을 활용한 스마일 라인법

① 검지 활용 스마일 라인법

스마일 라인을 만들기 위해서 검지를 이용하여 입꼬리를 올려주는 연습 방법이다. 검지를 양쪽 입꼬리에 대고 올려준 다음 다섯을 센 후, 원위치로 오게 한다. 여러 번 반복해서 연습을 하여 입을 다문 채 이를 살짝 보이면서 웃으면 활짝 웃는 스마일 라인의 미소가 된다.

② 발음상 스마일 라인법

먼저 '오' 발음을 낸 다음, '와이키키' 하고 소리를 내면서 입꼬리를 올려준다. 눈꼬리는 아래로 내려준다.

표정을 좌우하는 대표 근육과 스마일 라인

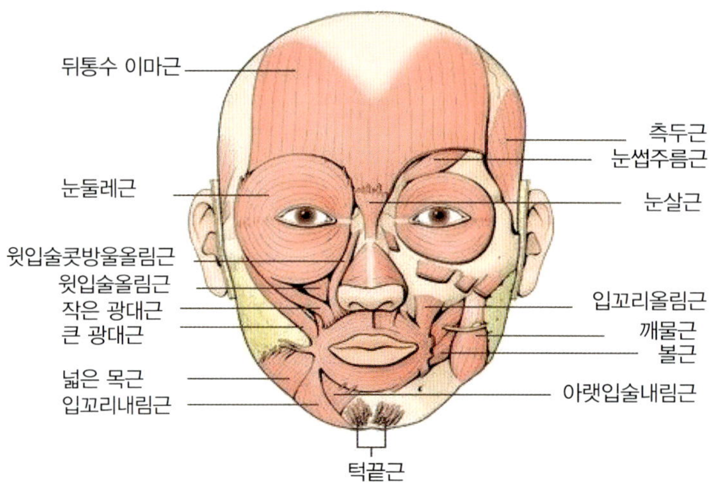

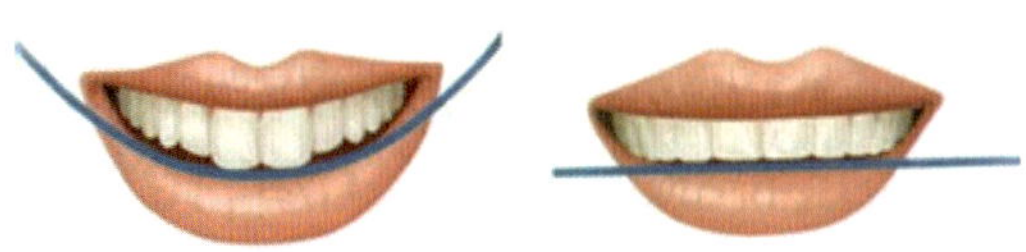

호감 스마일 라인 비호감 스마일 라인

밝은 표정 관리 포인트

① 생각을 밝게 하면 얼굴은 저절로 밝아진다.

② 얼굴을 밝게 하도록 의식하면 마음까지 밝아진다.

③ 표정은 그 사람의 생각에 따라 마음의 메시지를 담는다.

④ 미소의 표현으로 기본적인 표정을 짓는다.

⑤ 표정이 밝으면 음성이 경쾌해지며 태도가 밝아진다.

⑥ 상대에게 관심을 줄 수 있는 의욕과 생기가 넘치는 표정을 짓는다.

인간의 두뇌는 전체 이미지 중 60% 이상을 눈 이미지로 기억하고 커뮤니케이션에서 호감과 신뢰감을 전달하는 역할을 한다. 맑은 눈빛은 빛을 발하고 매력적인 사람으로 부각될 수 있다. 따라서 초점 없는 눈빛이 아닌 생기 있는 눈빛으로 대화를 이어나가야 한다.

베르그송은 "의식의 흐름을 가장 단적으로 표현하는 것이 바로 눈이다"라는 말과 함께 사람의 생각을 투영하는 결정체가 '눈'이라고 강조했다. 이처럼 눈은 입보다 더 많은 말을 한다고도 볼 수 있겠다. 밝고 명랑한 모습과 안정적인 시선은 단언컨대 업무나 관계에 있어 좋은 결과를 가져다 줄 것이다.

시선 훈련

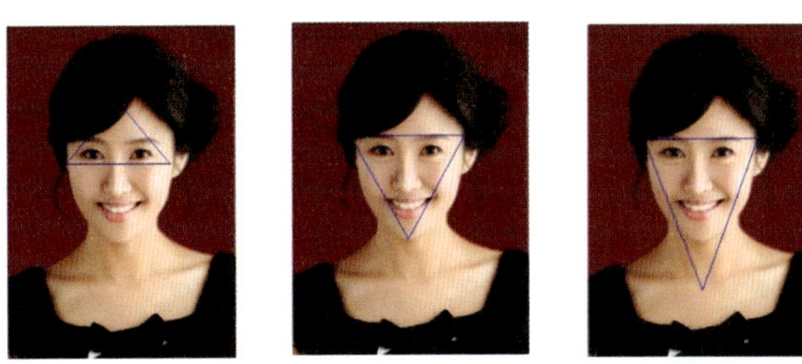

〈공적인 시선〉 ◀──────▶ 〈사교적인 시선〉

① 상대방의 두 눈과 코를 연결한 삼각형 안에 시선을 머물게 하여 바라본다.

② 상대의 마음을 편하게 하려면 대화할 때 상대의 미간을 중심으로 턱까지 시선을 분산시켜 바라보는 게 좋다.(사교적 시선)

③ 신뢰감을 더 심어주고 싶다면 미간을 중심으로 이마 쪽 시선 분산도 좋다.(공적인 시선)

④ 연인이나 친구 등의 사이에서 호감을 전달하기 좋은 시선으로 눈부터 턱 아래 쇄골 부근까지 바라본다.(사적인 시선)

⑤ 검은 눈동자 정중앙을 바라보는 것보다 눈동자 아래쪽을 보는 것이 상대방에게 더 편안함을 줄 수 있다.

⑥ 대화 중 시선을 바닥이나 아래로 향하는 것은 상대방에게 소극적인 인상을 심어주니 피하는 것이 좋다.

피해야 할 시선, 눈매

- **치뜨는 눈매**

  눈동자가 위쪽으로 올라간 형태. 좋지 않은 인상 형성

- **내리뜨는 눈매**

  상대를 얕보는 눈매로 오해

- **곁눈질**

  얼굴을 움직이지 않은 상태에서 좌우의 상대방을 쳐다보는 눈매

- **아래위로 훑겨보는 듯한 눈매**

  상대의 기분을 언짢게 함

- **Poker Face의 무표정**

  자기 속을 드러내 보이지 않는 가식적인 사람의 표정

[평소 나의 미소 점수는?]

*아래 10개의 항목 중 평소 나를 관찰한 뒤 해당 문항에 체크한다.

No	문항	체크
1	미소를 지을 때나 웃을 때 손이나 물건 등으로 입을 가리지 않는다.	
2	나는 내 미소나 웃음이 마음에 든다.	
3	눈이 반달 모양이 되도록 웃는다.	
4	사진을 찍을 때 자연스럽게 웃는 얼굴을 취할 수 있다.	
5	웃을 때 치아가 보이도록 웃는다.	
6	웃는 표정은 건강에 좋다고 생각하며 웃으려 많이 의식한다.	
7	웃을 때 입술 끝이 위로 올라가게 U자 형이 되게 하려 노력한다.	
8	관계에 있어서 항상 미소를 유지하려 노력하는 편이다.	
9	내용에 맞는 표정 연출이 가능하다.	
10	미소, 웃는 것이 매력적이라는 칭찬의 소리를 자주 받는 편이다.	

⊙결과

8개 이상 : 상당히 매력적인 미소의 소유자

6~7개 : 웃는 모습이 평범한 사람

4~5개 : 아름다운 미소를 위해 더욱 노력해야 한다.

3개 이하 : 웃는 모습과는 거리가 먼 표정이 가난한 사람

우리나라 속담 중에 “웃는 얼굴에 침 못 뱉는다”라는 말이 있다.

대인관계에 있어 아주 중요한 요소가 바로 진심이 묻어나는 밝고 아름다운 미소일 것이다. 나이팅 게일은 “여성에게 있어 최고의 화장술은 웃는 것”이라 했고, 중국에는 ‘웃는 얼굴이 아니면 가게 문을 열지 말라’는 말이 있다고 한다. 이처럼 호감과 친밀감을 느끼게 하는 미소는 그 자체만으로도 훌륭한 긍정의 메시지이다. 인상은 운명이 아닌 개척 가능한 것이다.

우리는 생긴 대로 산다는 운명론적 사고방식을 갖고 있다. 인상은 언제나 변한다. 실례로 힐러리 여사와 고인이 된 다이애나비는 큰 눈과 광대뼈, 다부진 턱으로 액운이 깃든 얼굴이지만 힐러리 여사는 늘 환한 웃음으로 액운을 누른 반면 다이애나비는 그렇지 못했다는 얘기이다. 실제로 이미지 전문가들도 ‘인상은 타고난 얼굴이 아닌 자신이 만드는 것’이라고 말한다. 표정은 근육의 움직임에서 나온다. 그래서 긍정적인 사고를 하게 되면 긍정적인 근육들이 움직여서 결국 좋은 인상이 된다. 성형수술이 성행하는 시대. 얼굴 인상은 자신이 만드는 것이라는 인상 전문가들의 조언이다.(2004년 8월 30일 KBS 9시 뉴스)

미소는 관계에도 긍정의 영향력을 주지만 나 자신의 정신건강에도 매우 유익하다. 미소의 효과는 많은 학자들을 통해서도 검증된 바 있다.

미소의 효과

① 미소는 자신감을 갖게 해준다.

② 미소는 고민 · 비판 · 의기소침을 줄여준다.

③ 미소는 소극적 감정을 줄여주며 치료의 효과도 있다.

④ 미소는 타인의 반대를 용해시켜 준다.

⑤ 미소는 환영을 상징한다.

⑥ 미소는 행복감을 느끼게 한다.

⑦ 미소는 화를 줄어들게 만든다.

⑧ 미소는 기쁨 · 희망 · 안정 · 자연스러움 · 온정 등 긍정적 감정을 느끼게 해준다.

미소 훈련

① 입술은 가볍게 닫고 눈을 크게 뜨고 놀란 표정을 짓는다.

② 입술을 오므리고 좌우로 번갈아가며 움직여준다.

③ 위 : 입을 가운데로/스 : 입을 옆으로 당기며/키 : 입꼬리를 U자를 그리듯 위로 향한다.

〈위〉

〈스〉

〈키〉

진짜 미소와 가짜 미소

① 판앰미소

항공사의 이름을 빌려 지은 이름으로 고객을 의식하며 웃을 때 입만 웃는 가짜 미소를 뜻한다.

② 뒤센미소

기욤 뒤센(프랑스 신경심리학자)의 연구 내용으로 진심이 담긴 진짜 웃음에서는 눈가 근육이 많이 움직이게 되고 이때 주름이 지면서, 두 뺨의 상반부는 올라간다는 것을 발견했다. 결국 마음에서 우러나오는 진짜 미소는 눈가가 웃는 미소를 뜻한다.

판앰미소

뒤센미소

TIP! 상식 더하기

미소의 종류

미소(微笑) : 소리를 내지 않고 빙긋이 웃는 웃음

실소(失笑) : 알지 못하는 사이에 툭 터져나오거나 참아야 하는 자리에서 터져나오는 웃음

홍소(洪笑) : 크게 입을 벌리고 떠들썩하게 웃는 웃음

폭소(爆笑) : 여럿이 폭발하는 갑자기 웃는 웃음

냉소(冷笑) : 쌀쌀한 태도로 업신여겨 웃는 웃음

고소(苦笑) : 쓴웃음

조소(嘲笑) : 조롱하는 태도로 웃는 웃음

파안대소(破顔大笑) : 얼굴표정을 한껏 지으며 크게 웃는 웃음

가가대소(呵呵大笑) : 껄껄하고 크게 웃는 웃음

앙천대소(仰天大笑) : 고개를 젖히고 하늘을 우러르며 웃는 웃음(어이가 없어 웃는다는 뜻)

3. 자세 이미지메이킹

태도와 자세는 행동 예절의 기초라고도 볼 수 있다.

태도는 인격을 나타내는 중요한 매체가 되므로 선 자세, 앉는 자세, 걷는 자세, 바른 자세와 말할 때의 제스처 등은 자신의 이미지를 결정하게 하는 중요한 요인이 된다.

특히 선 자세는 모든 자세의 기초가 되므로 서 있는 자세가 잘못되면 모든 자세가 바르게 될 수 없다. 인품을 높여주고 단정한 느낌을 주는 바로 선 자세는 연습을 통해 자연스럽게 익혀야 한다.

바로 선 자세 훈련

① 체중을 두 다리에 고르게 얹어 한쪽으로 흔들리거나 기울이지 않게 한다.

② 발은 가장 편하게 옆으로 벌린다.

③ 두 팔은 몸 양옆으로 내리고 손은 허리 높이에서 앞으로 모아 잡는데 이때 손가락은 벌리지 않으며 윗사람 앞에서는 뒷짐을 지지 않는다.

④ 가슴을 내밀지 않으며 허리를 편다.

⑤ 고개와 턱을 반듯하게 하고 턱을 너무 내밀거나 끌어당기지도 않는다.

⑥ 남성은 양발을 45도(10시10분), 여성은 30도(11시 5분) 정도로 벌리고 선다.

⑦ 대화 시 사용되는 손의 제스처는 되도록 손가락을 모두 펼쳐준다.

올바른 걸음걸이

① 보폭은 본인의 체격에 맞는 자연스러운 것이 좋다.

② 어깨 넓이보다 좁지 않게 하여 당당하게 걷는다. 보폭이 너무 좁으며 힘없는 걸음걸이는 자신감이 없어 보인다.

③ 안짱걸음, 팔자걸음, 까치발걸음은 신뢰감을 주기 어렵다. 발끝은 항상 앞을 향하게 해서 걷는다.

④ 등을 곧게 세우고 가슴을 쫙 펴준다.

⑤ 어깨가 구부정하거나 축 늘어지지 않도록 어깨를 쫙 펴주고 좌우 수평이 되게 해준다.

⑥ 시선은 정면을 향하거나 줄을 서서 이동하는 경우라면 앞사람의 어깨 정도 시선도 괜찮다.

⑦ 무릎은 곧게 펴고 배에 약간 힘을 주듯 당겨 몸의 중심을 허리에 둔다.

⑧ 상체를 흔들지 말고 또 다리로만 걷는다고도 생각하지 말아야 한다. 골반을 기준으로 전체적 움직임이 있다는 생각으로 자연스럽게 걷는다.

⑨ 턱은 쳐들지 않아야 하며 가볍게 안쪽으로 당겨준다.

⑩ 팔은 자연스럽게 흔들어준다.

⑪ 걸을 때 무릎과 무릎을 스치듯 걷는다.

바르게 앉기와 일어서기 : 여성

① 반 발자국 의자 앞에 서서 양발 중 한쪽 발을 반보가량 뒤로 뺀다.

② 본인의 어깨 뒤로 시선을 넘겨 앉을 의자를 바라보며 같은 방향의 손으로 치마나 바지 뒷부분을 정리하고, 치마를 입었을 경우 다른 한 손으로는 치마 앞자락을 누르며 앉는다.

③ 앉은 후 다른 한 발을 먼저 뒤로 뺐던 발에 나란히 당겨 붙여 비스듬히 내놓는다.

④ 등과 의자의 등받이 사이에 주먹 한 개가량이 들어갈 정도의 거리를 두고 앉는다.

⑤ 의자 아래로 발이 들어가지 않도록 한다.

⑥ 무릎과 발끝을 붙이고 손을 모아 무릎 위에 놓는다. 치마를 입었을 경우에는 공수를 하여 무릎 위에 올리고 치마가 다소 짧은 경우에는 치맛단 부분 위에 손을 누르듯 올려둔다.

⑦ 일어설 때는 비스듬히 기울였던 발을 정면으로 이동시킨 후 발을 모은다.

⑧ 한쪽 발을 뒤로 살짝 뺀 후 무릎의 힘으로 한번에 깔끔하게 일어나 뒷발을 모아 준다.

바르게 앉기와 일어서기 : 남성

① 반 발자국 의자 앞에 서서 바지를 약간 올리며 자연스럽게 앉는다.(엉거주춤한 자세로 발바닥을 이동하며 앉는 것을 피한다)

② 무릎은 어깨 넓이로 벌려주고 손은 달걀을 쥔 듯 주먹을 가볍게 쥐어 무릎 위에 양손을 올려준다.

③ 일어설 때는 양쪽 발에 힘을 주어 한번에 깔끔하게 일어선다.

손으로 방향을 가리키는 자세

① 손등이 보이지 않게 한다.

② 손목은 굽지 않게 한다.

③ 손가락은 가지런히 모은다.

④ 손 전체로 가리킨다.

⑤ 거리에 따라 팔을 가까이 혹은 멀리 뻗어준다.

⑥ 팔을 쭉 펴기보다는 팔꿈치를 굽히면서 방향을 가리키는 것이 좋다.

⑦ 한 손으로 방향을 가리킬 경우 다른 한 손은 배꼽 주변에 둔다.

⑧ 오른쪽을 가리킬 때는 오른손을 사용하고, 왼쪽을 가리킬 때는 왼손을 사용한다.

⑨ 턱 끝이나 손가락으로 방향을 가리키면 안 된다.

4. 복장 이미지메이킹

외모가 상대방에게 호감을 줄 수 있는 정도는 개인의 특성과 성향에 따라 다르지만, 용모와 복장은 상대에게 친근감과 편안함이 전달된다.

요란하고 화려한 이미지 연출로 거부감을 느끼지 않도록 하는 것이 좋겠고 개인의 외모는 자신의 개성과 상황에 맞는 스타일로 전체적으로 조화롭게 연출하는 것이 필요하다.

품위 있는 옷차림, 몸가짐, 품위를 결정하는 데 영향을 주는 복장

① 의복의 3대 요소인 색상 · 재질 · 디자인에 대한 기초 지식의 습득이 필요하다.

② 청결과 단정함은 의복의 생명으로 항상 정결하게 손질하여 입어야 한다.

③ 옷은 격식 · 경우 · 용도에 맞추어 입는다.

④ 제복을 입는 조직에서는 제복을 입는 것이 예의이다.

⑤ 의복은 개성을 돋보이게 하되, 남과 어울리도록 입는다.

결혼식 · 약혼식 또는 어떤 경사스런 모임

- 주인공과 참석자가 뒤바뀌어 보이는 경우도 있기 때문에 너무 화려하게 입으면 안 됨
- 옷으로써 축하하는 것이 아니기 때문에 옷차림은 조촐하면서도 고상한 품격을 지닐 수 있도록 신경써야 함

문상(問喪) 때의 복장

- 재래의 습관상 엷은 옥색이나 회색, 또는 백색 계통
- 무늬 있는 옷은 되도록 삼가는 것이 좋음 – 문상(問喪) 때의 양장
- 검은색으로 통일하고, 아무리 젊은 여성이라도 살갗이 너무 드러나는 옷차림은 피함
- 검은색 옷이 없을 경우에는 짙은 감색이나 회색으로 대처

존 T. 몰러이의 저서 '성공을 위한 복장'에서의 실험

☞ **100명에게 한 실험**

① 깔끔한 옷차림을 하고, 비서에게 타이핑과 복사를 부탁
② 동일인물이 허름한 옷차림을 한 후, 비서에게 부탁

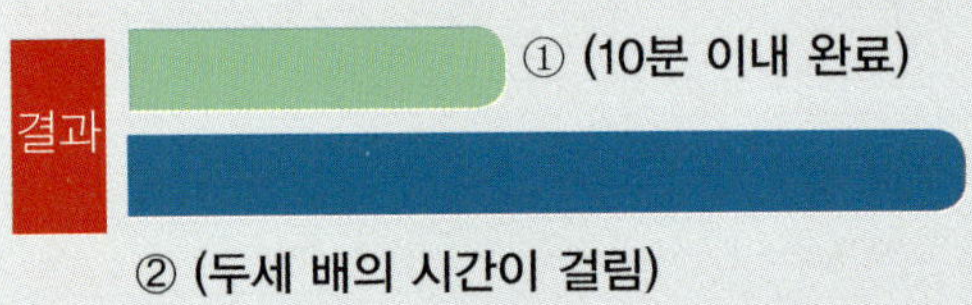

실험내용 1 - 뉴욕시에 있는 어느 회사 사무실에서 그 회사 비서직 100여 명을 두 그룹으로 나눈 다음, 한 배우에게 옷을 각각 다르게 입고 비서들로 하여금 줄을 바르게 서도록 정돈시켜 보라고 했다. 첫 번째 실험에서는 굽이 없는 검은색 구두와 은으로 된 큰 버클이 달린 번쩍거리는 녹색 양복, 그리고 값이 싼 넥타이를 착용했다. 두 번째 실험에서는 같은 배우가 감청색 계열의 양복에 흰 와이셔츠를 입고 은빛의 넥타이에 굽이 있는 가죽 구두를 신고 머리 스타일을 단정하게 바꾸었다.

실험결과 1 - 첫 번째 실험에서 배우의 명령에 따른 사람은 50명 중에서 20명이었다. 두 번째 실험에서 배우가 줄을 서도록 명령하자 50명 중에서 42명이 그 명령에 따라 줄을 섰다.

실험내용 2 - 100명에게 상류층이 즐겨 입는 고급 옷을 입힌 뒤, 호텔 문으로 들어오는 다른 손님들과 동시에 걸어오게 했다.

실험결과 2 - 손님들의 94%는 고급 옷을 입은 사람에게 먼저 들어가도록 양보하였다. 동일 인물에게 허름한 옷을 입힌 뒤 똑같은 실험을 진행하였을 때 손님의 82%가 양보하지 않았으며, 심지어 5%는 욕설까지 하는 경우가 발생하였다.

이 실험의 결과는 참으로 많은 것을 시사한다.

이것은 한 사람, 타인에 대한 첫인상, 첫 느낌을 결정지을 때 의복 및 외모에 관련된 고정된 생각을 근거로 하고 있음을 알게 하는 실험들이다. 옷차림과 더불어 전반적으로 외모를 어떻게 관리하는지를 통해 우리는 성별 및 연령, 사회적 역할과 지위, 더 나아가 성격까지도 유추하게 된다. 다시 말해서 외적인 것으로 우리는 개인의 내면적 성격과 태도, 가치관, 능력까지도 판단한다는 말이 된다.

TIP! 상식 더하기

대한민국 전통의복, 한복 바르게 입기

- 남자 한복
  ① 바지에 대님을 매고, 허리띠를 띠며 저고리와 조끼를 입고 마고자를 입는다.
  ② 외출할 때는 반드시 두루마기를 입어야 예를 갖춘 것
  ③ 예전에는 도포를 입고 탕건을 이마에 두르고 망건을 쓴 위에 갓을 쓰고 버선을 신는 것이 바른 차림이었으나, 현대생활에서는 갓 대신 모자를 쓰고 버선 대신 양말과 구두를 신어도 무방하다.

- 여자 한복
  ① 속에 입는 속옷은 모두 흰색으로 하되, 속치마에 레이스를 단다든지 페티코트를 입는 것은 좋지 않다.
  ② 신은 고무신을 신어야 걸을 때 우아한 맵시가 풍긴다.
  ③ 핸드백은 구슬 백이나 손 지갑이 어울리고 방한용이나 맵시를 선택하는 목도리의 색상도 전체적인 조화를 이루었을 때 아름답다.
  ④ 의자에 앉을 때나 차에 탈 때는 옷고름을 오른손으로 잡고 오른쪽으로 가지런히 모은 뒤 왼손으로 치맛자락을 잡는다.

색상에 따른 남성 슈트의 특징

① 청색 계열

- 가장 기본이 되는 색상으로 비즈니스 웨어로 적당한 색
- 다소 차가운 인상을 줄 수 있지만 깔끔하면서도 생동감을 줌

② 회색 계열

- 회색은 청색과 아울러 슈트의 기본 색상
- 회색 계열의 슈트는 차분하고 지적인 분위기와 자신감 있는 모습을 연출

③ 검은색 계열

- 정중하고 성실해 보임
- 예의를 차려야 하는 자리에 어울리지만 색상 자체가 강하기 때문에 타이의 색과 무늬를 신중하게 선택
- 경조사 시에도 착용할 수 있는 색상으로 반드시 갖추어야 할 슈트

④ 밤색 계열

- 부드러운 느낌과 함께 세련된 멋을 풍기지만 연출하기 어려워 초보자에게는 적당하지 않음

5. 컬러 이미지메이킹

넥타이 컬러만 바꿔도 립스틱 컬러만 바뀌어도 분위기가 확 달라지는 것을 느낀 적이 있을 것이다. 개인 이미지에 맞는 컬러를 통해 개성에 맞는 이미지를 개발하고, 자신을 가장 잘 나타낼 수 있는 패션과 스타일을 형성해 최상의 이미지를 연출할 수 있기 때문에 요즘은 많은 사람들이 자신에게 가장 잘 어울리는 컬러에 대해 알아보고 스타일 연출에 활용하고 있다.

퍼스널 컬러 이미지메이킹이란 각자가 타고난 그대로의 색, 즉 개개인의 신체 색상에 따라 본인에게 가장 잘 어울리는 색을 진단하고 그에 따른 이미지, 색채 유형, 스타일을 개인의 패션과 뷰티에 적용하는 컬러 진단으로 이미지를 향상시키는 프로그램이라 생각하면 좋겠다.

또한 퍼스널 컬러는 피부색이나 모발색, 눈동자의 색과 가장 잘 어울리는 색을 찾는 것이며 변하지 않는 색을 말한다.

WARM	COOL
☞ 노란색과 황색을 지니고 있음 ☞ 온화하면서 풍요롭고 동적인 이미지로 감성적인 감각을 지닌 색	☞ 파란색과 흰색, 검은색을 지니고 있음 ☞ 모던하고 세련된 정적인 이미지로 이성적인 감각을 지닌 색

[퍼스널 컬러 셀프 진단법]

*평소 자신에 대해 관찰한 후 아래 항목에 체크한다.

체크	A	체크	B
	피부가 햇볕에 쉽게 탄다.		햇볕에 오래 있으면 빨갛게 익는다.
	금색 액세서리가 잘 어울린다.		은색 액세서리가 잘 어울린다.
	코럴, 오렌지 및 따뜻한 레드 립스틱이 잘 어울린다.		핑크, 버건디 및 차가운 느낌의 레드 립스틱이 어울린다.
	머리카락 색과 눈동자 색이 갈색에 가깝다.		머리카락 색과 눈동자 색이 짙은 갈색이나 검정에 가깝다.
	매니큐어나 섀도 컬러는 브라운, 오렌지, 베이지, 그린이 더 잘 어울리고 예뻐 보인다.		매니큐어나 섀도 컬러는 버건디, 핑크, 퍼플, 그레이가 더 잘 어울리고 예뻐 보인다.
	피부에 노란 기가 많다.		피부에 붉은 기가 많다.
	베이지와 아이보리 셔츠가 더 잘 어울린다.		순백색 셔츠가 더 잘 어울린다.

⊙결과

A쪽이 많이 나왔다면 오렌지 컬러가 더 잘 어울리는 Warm Tone

B쪽이 더 많이 나왔다면 핑크 컬러가 더 잘 어울리는 Cool Tone

퍼스널 컬러 셀프 진단 시 좋아하는 컬러와 잘 어울리는 컬러를 객관적으로 구분해야 정확도가 높아진다. 퍼스널 컬러를 알고 있으면 자신을 더욱 매력적으로 연출하기가 쉬워진다.

계절별 피부톤 특징

봄 웜톤 : 노르스름한 빛이 감돌며 맑고 따뜻한 느낌을 준다.

여름 쿨톤 : 부드러운 우윳빛 바탕에 복숭앗빛이나 핑크빛이 살짝 감돈다.

가을 웜톤 : 그윽하고 매트한 느낌을 주며 상대적으로 혈색이 잘 드러나지 않는다.

겨울 쿨톤 : 희고 푸른빛이 감돌며 투명하고 창백한 느낌을 준다.

웜, 쿨톤의 4계절 컬러

진단결과 내가 만약 봄 컬러라면?

봄 컬러의 특징

- 상아색과 금색 피부가 전형적인 봄 타입
- 피부색이 덜 희어도 밝은 갈색인 사람도 해당

머리

- 자연색에 가까운 색으로 염색하는 것이 좋음
- 밝거나 자연 금발, 샴페인색, 밝은 금오렌지색, 벌꿀색이 적당

스타킹

- 구두 · 치마 · 바지 색깔과 조화시킴
- 계피색, 밝은 미색, 금밤색이 잘 어울림

구두

- 상아색, 금밤색, 노란 밤색, 황토색이 잘 어울림

보석

- 붉은 루비, 금, 노란색 · 크림색 구슬 종류가 잘 어울림

진단결과 만약 내가 여름 컬러라면?

여름 컬러의 특징

- 검은 머리 · 눈동자에 창백한 피부를 가진 사람

머리

- 가닥 머리로 물들이는 것이 어울림
- 밝은 회색의 금발, 가지색이 어울림

스타킹

- 밝거나 중간 회색, 연갈색 계열의 밤색이 자연적인 피부색과 조화가 잘 됨

구두

- 회색, 무연탄색, 붉은 포도주색, 회청색, 청색이 어울림

안경테

- 밝은 회색 · 청색, 연보라색이 좋음

보석

- 백금, 은, 핑크색 · 청색 · 회색 구슬 종류가 잘 어울림

진단결과 만약 내가 가을 컬러라면?

가을 컬러의 특징

- 갈색 머리 · 눈동자에 짙은 갈색 피부를 가진 사람

머리

- 가닥 머리로 물들이지 않는 것이 좋음

스타킹

- 미색 · 계피색 · 올리브색 · 밤색이 피부색과 어울림

구두

- 밤색 · 올리브색 · 상아색으로 고름
- 핸드백은 구두색과 같거나 약간 환한 색상을 고름

안경테

- 금색 · 금노랑색 · 초록색 · 밤색이 좋음

보석

- 금 · 붉은 금 · 초록금과 노란색이나 크림색을 띤 구슬 종류
- 상아색 · 뿔색이 잘 어울림

진단결과 만약 내가 겨울 컬러라면?

겨울 컬러의 특징

- 숱이 많고 윤기 있는 검은 머리
- 검은 눈동자에 피부가 조금 붉거나 흑색(sallowness)인 사람

머리

- 브릿지(가닥머리)를 물들이지 않는 것이 좋음

스타킹

- 회색 · 검은색 · 흰색 · 청색 · 은색이 피부색과 어울림

구두

- 검은색, 회색, 청색, 붉은 포도주색으로 고름

안경테

- 은회색 · 청색 · 빨간색 · 핑크색이 좋음

보석

- 백금 · 은과 흰색 · 회색 · 핑크색 종류가 잘 어울림

TIP! 상식 더하기

알아두면 좋은 패션 팁

- 지나치게 많고 가는 세로무늬는 오히려 뚱뚱해 보일 수 있으므로 주의
- 컬러나 액세서리로 포인트를 주면 날씬하고 세련되어 보임
- 광택 있는 옷감은 더 뚱뚱해 보임
- 어깨가 넓은 체형은 U자형이나 V자형 네크라인의 디자인 옷이 좋고 어깨 끝선을 자신의 어깨보다 더 크게 입지 말 것
- 어깨가 좁은 체형은 넓은 경우와 반대로 입고 넓은 느낌이 나도록 네크라인 디자인이 가로로 넓게 된 옷이 좋음
- 체격이 크고 키가 큰 체형은 작은 무늬나 액세서리가 오히려 큰 키를 강조하므로 피할 것

제 3 장 비즈니스 인사 매너

1. 인사 매너의 중요성

인사란 사람과의 만남에서 이루어지는 여러 가지 의례화된 언어나 행동규범을 말한다. 사실 우리의 일상생활에서 빠질 수 없는 가장 기본적인 예절이고 상대방에 대한 존경의 표현이기도 하다.

한 취업포털 사이트의 조사에 의하면 '신입사원에게 가장 필요한 덕목이 무엇인가?' 라는 질문에 '기본 인성 · 예의'라는 답변이 65%를 차지했다고 한다. 이를 보여주는 가장 기본적인 태도가 바로 인사하기이다. 인사만 잘해도 기본이 된 사람이라는 좋은 평판은 물론 좋은 인간관계의 첫걸음이 될 수 있다.

2. 인사의 기본자세

① 밝은 표정으로 상대방의 눈을 바라보며 바르게 선다.

② 상대방과 시선을 맞추고 밝은 미소를 지으며 상냥하게 인사말을 건넨다.

③ 가슴과 등을 자연스럽게 곧게 펴고 허리부터 숙인다.

④ 머리, 등, 허리가 일직선이 되도록 숙인 상태에서 1초 정도 멈춰서 공손함을 더한다.

⑤ 자연스럽게 상체를 일으켜 세운다.

⑥ 상체를 똑바로 세운 후 상대의 눈을 보며 미소를 짓는다.

3. 인사의 종류

목례
가벼운 인사
좁은 실내에서
자주 만날 때

보통례
일반적인 인사
고객, 웃어른,
상사를 대할 때

정중례
정중한 인사
사과, 감사 표현을 할 때
경조사에서

① 목례

목례는 15도 정도로 허리를 굽히며 가볍게 하는 인사로 시선은 발끝 2~3미터 앞에 둔다. 목례는 친근하거나 가까운 사람, 또는 하급자에게 하는 인사다. 또는 협소한 장소나 복도, 화장실 등에서 마주치는 사람이나 이미 인사를 나눈 사람에게도 적용할 수 있는 인사법이다.

② 보통례

보통례는 가장 일반적인 인사법으로 30도 정도 상체를 구부리고 시선은 1미터 앞쪽을 바라본다. 보통 윗사람이나 중요한 상대방에게 하는 인사이다. 예를 갖추는 인사법으로 보통 마중할 때나 배웅할 때 활용할 수 있다.

③ 정중례

정중례는 가장 공손한 인사이다. 상체를 45도 구부려 인사하며 시선은 1미터 앞쪽을 본다. 정중례는 최고의 경례로서 감사하는 마음을 표시하거나 상대방에게 정중하게 사과할 때 하는 인사법이다.

4. 상황별 인사법

인사는 마음의 문을 여는 열쇠로서 상대방을 먼저 보는 사람이 먼저 하고 윗사람이라 할지라도 받은 인사에 대해서는 반드시 답례를 해준다. 단 장소에 따라 상황이 여의치 않은 곳에서는 인사를 하지 않는 것이 예의이다. 인사는 상대방에 대한 배려이고 상대방을 위한 것이기 때문이다.

출퇴근 시

- 아침 출근 시에 인사할 때는 밝고 명랑한 목소리로 "좋은 아침입니다" 또는 "안녕하세요"라고 웃는 모습으로 인사한다.
- 출근할 때 간혹 지각하는 경우가 있다. 보통은 눈치를 보면서 조용히 들어가는데, 늦었다고 해서 그렇게 슬쩍 자리에 앉는 것은 좋지 않은 버릇이다. "늦어서 죄송합니다."라고 말하면서 자신의 출근을 모두에

게 알리는 것이 훨씬 바람직한 자세이다.

- 퇴근 인사를 할 경우에는 “먼저 퇴근하겠습니다” “내일 뵙겠습니다.” 라고 말하는 게 좋다. 상사보다 먼저 퇴근할 때 “수고하세요” “수고 하셨습니다”라는 말은 하지 않는다. 이 말은 윗사람이 아랫사람에게 하는 말로 상사에게 하는 인사말로는 적합하지 않다. 또한 남아 있는 상사에게는 다가가서 “일이 많으신가 보네요. 제가 도울 일이 있습니까?”라고 말하는 배려를 보이면 좋은 인상을 남길 수 있다.
- 주말인 경우에는 “즐거운 주말 되십시오.” 저녁 약속이 있는 것을 알고 있는 경우에는 “즐거운 저녁시간 되십시오.”라고 인사하면 된다.

엘리베이터나 복도 등 예상치 못한 곳에서 상사를 만났을 때

예상치 못한 장소에서 상사를 만났을 경우에는 가볍게 목례로 인사한다. 단 상사가 외부인사와 함께인 경우에는 멈춰 서서 정중하게 인사해야 한다는 것을 꼭 기억해 두기 바란다.

화장실에서 상사를 만났을 때

화장실에서 상사를 만났을 때 다소 당황스러운 상황일 수도 있다. 세면장 또는 화장실에서 용무 중인 상사를 만났을 때는 인사하지 않는 것이 예의이다. 다만 상사와 눈이 마주쳤을 경우 또는 용무가 다 끝났을 때 가벼운 목례로 인사를 나누고 자신의 용무를 본다.

이미 인사한 상사나 동료와 다시 만났을 때

직장에서 하루 종일 같은 공간에서 근무하다 보면 이미 만났던 상사와 동료를 다시 마주치는 경우가 많다. 이런 경우 처음 만났을 때 밝고 명랑하게 인사를 하였다면 다시 만났을 때는 밝은 표정과 함께 가볍게 목례를 한다. "바쁘시네요." "날씨가 많이 덥죠?" "식사하셨어요?"처럼 부드럽고 정겨운 인사말을 나누는 것도 좋다.

계단에서 마주쳤을 때

계단에서 일단 인사할 상대와 마주쳤다면 먼저 얼굴표정으로 인사를 한 다음 서로 비슷한 위치가 되면 기본자세를 취하고 인사말과 더불어 인사를 다시 한다. 계단은 비교적 협소한 공간이기 때문에 가볍게 목례를 한다.

많은 사람들에게 인사할 경우

많은 사람들에게 한꺼번에 인사할 경우 마치 로봇처럼 기계적으로 하는 인사가 되어서는 안 된다. 보통의 목소리보다 큰 목소리로 인사를 하되 한 사람 한 사람에게 미소와 눈맞춤을 해야 한다.

통화 중 인사

중요한 통화 중에 눈이 마주쳤을 경우 밝은 미소로 가벼운 목례를 한다. 만약 높은 상사와 눈이 마주쳤을 때는 통화 중인 상대방에게 양해를 구한 뒤 정중하게 인사한다.

TIP! 상식 더하기

상사가 자신보다 앞서 가는 경우 쫓아가거나 앞지르면서까지 인사할 필요는 없다. 상사가 자신의 앞을 걷고 있는데 어쩔 수 없이 서둘러 지나쳐야 한다면, 먼저 "실례합니다" 라고 말한 후 서서 목례를 한 뒤 앞질러 가면 된다.

5. 인사 매너의 5대 포인트

① 내가 먼저 인사한다

직급이나 나이에 상관없이 상대방을 먼저 본 사람이 인사한다.

② 미소와 함께 인사한다

미소와 함께 인사하면 호감을 줄 수 있다.

③ 바라보며 인사한다

얼굴을 보고 눈이 마주봐야 제대로 된 인사를 할 수 있다.

④ 밝은 인사말과 함께 인사한다

인사말을 덧붙이면 더욱 친근감을 줄 수 있다.

⑤ 상대나 상황에 적절한 인사를 한다

직급이나 나이에 맞는 호칭을 부르며 상황에 맞게 인사한다.

TIP! 상식 더하기

공수란?

공손한 자세로 두 손을 앞으로 모아 맞잡는 자세를 공수拱手라고 한다. 의식행사에 참여했을 때, 전통 배례를 할 때, 혹은 어른 앞이나 존경의 대상이 있을 때 공수를 취한다.

공수하는 법

〈공수 경사〉

〈공수 흉사〉

제 4 장 비즈니스 악수 매너

1. 악수의 유래와 중요성

중세시대에 유럽은 전쟁이 빈번하게 일어났기 때문에 사람들은 언제나 무기를 몸에 지니고 다녔다. 그 당시 손을 내밀어 내 손에 무기가 없음을 알려주며 상대에게 악의가 없음과 호감을 표하는 인사방법으로 악수가 창안되었다.

"악수하는 손이 당신을 말해준다"

현대사회에서 악수는 비즈니스 사회의 격식과 사람 간의 친근함을 주는 인사법으로 사회활동에서 매우 중요한 행위이다. 또한 악수는 사람의 신뢰와 따뜻함을 느낄 수 있는 스킨십이자 인간관계를 쌓는 매우 중요한 커뮤니케이션이다.

2. 악수하는 방법

① 먼저 바른 자세를 유지한 후 밝은 표정으로 상대의 눈을 바라본다.

② 오른쪽 팔꿈치를 직각으로 굽혀 수평으로 올린다.

③ 손가락을 가지런히 하고 엄지는 벌려서 상대방 오른손 검지 사이에 맞추듯이 살며시 쥔다.

④ 적당한 힘을 주어 잡은 후 맞잡은 손을 2~3번 정도 가볍게 흔든다.

⑤ 상대가 아플 정도로 힘을 주거나 지나치게 흔들지 않도록 주의한다.

3. 악수하는 순서

① 남성과 여성의 경우 여성이 남성에게 먼저 청한다.

② 연령차가 있는 경우, 윗사람이 아랫사람에게

③ 선배가 후배에게

④ 기혼자가 미혼자에게

⑤ 상급자가 하급자에게

4. 악수할 때 주의사항

① 악수는 오른손으로 하는 것이 원칙이다.

② 악수할 때는 정중하고 경건한 마음으로 한다.

③ 자연스러운 표정과 바른 자세를 한 상태에서 악수를 한다.

④ 형식적으로 손끝만 잡는다거나 손끝만 내미는 것은 실례가 된다.

⑤ 남성은 여성과 악수할 때 반드시 장갑을 벗고 악수한다.
(여성의 경우는 장갑을 벗을 필요 없이 낀 채로 해도 무방하다.)

⑥ 여성의 경우 악수를 먼저 청하는 것이 에티켓이다.

5. 악수 매너의 5대 포인트

① **미소** Smile

자연스럽고 부드럽게 미소를 지으면서 악수한다.

② **눈맞춤** Eye Contact

상대의 눈을 응시하고 악수를 한다.

③ **적당한 힘** Power

적당한 힘을 주고 손을 잡아야 한다.

④ **적당한 거리** Distance

팔꿈치가 자연스럽게 굽혀지는 정도의 거리를 유지하고 악수한다.

⑤ **리듬** Rhythm

손을 지나치게 흔들지 않고 두세 번 정도로 한다.

TIP! 상식 더하기

악수할 때 손을 흔드는 횟수

- 지인, 친구 사이 : 5회 정도가 적합
- 비즈니스의 경우 : 3회 정도가 적합
- 정치인이 유권자에게 유세를 할 때 : 2회 정도가 적합

악수할 때 올바른 시선 처리

- 눈 ☞ 손 ☞ 눈(O)
- 눈 ☞ 손(X)으로 끝나는 경우는 상대방에 대한 결례

나라별 악수 인사의 차이점

- 중남미 : 여성과 악수할 때 손등에 입을 맞추는 경우가 많다.
- 프랑스 : 손에 힘을 비교적 많이 주지 않는다.
- 미　국 : 손을 힘있게 쥐고 흔들면서 손윗사람일 경우 격려의 뜻으로 손아랫사람의 어깨 등을 두드리기도 한다.
- 독　일 : 언제나 강하고 짧게 흔든다.

잘못된 악수

- Dead Fish 악수
  힘을 쭉 뺀 상태로 의지가 없는 수동적 악수. 무관심을 표현
- Vice 악수
  힘을 너무 꽉 줘서 상대의 손을 잡은 악수. 지배, 욕구, 힘을 과시
- Bone Crush 악수
  Vice 악수보다 더 강하게 하는 악수로 Vice 악수가 피가 통하지 않는 정도라면 Bone Crush 악수는 뼈가 부서질 듯한 정도의 강한 악수
- 손가락 끝만 잡는 악수
  남성이 여성과 악수할 때 많이 하는 실수. 소극적이며 복종을 의미
- 손가락으로 손바닥에 글자를 쓰는 악수
  장난, 성희롱으로 오해를 살 수 있다.

제 5 장 비즈니스 명함 매너

1. 명함 매너의 중요성

명함은 처음 대면하는 상대방에게 자신을 표현하는 수단이며 그 사람의 얼굴이자 인격이다. 사회생활을 하면서 처음 대면할 때 명함을 주고받는 행위는 그 사람을 평가하는 수단으로 또한 첫인상을 결정하므로 명함을 주고받을 때에도 예절이 필요하다.

2. 명함을 주는 매너

① 명함은 깨끗한 상태로 여유 있게 준비한다.

② 명함을 줄 때는 반드시 일어서서 정중하게 인사하고 왼손으로 받쳐서 오른손으로 준다.

③ 명함을 건네는 위치는 상대방의 가슴 높이로 일어서서 건넨다.

④ 상대방이 읽기 쉽도록 명함의 위쪽이 자신을 향하도록 주며 자신의 소속과 이름을 확실하게 밝히며 준다.

⑤ 명함은 손아랫사람이 손윗사람에게 또는 손님이 먼저 건넨다.

3. 명함을 받는 매너

① 명함을 받을 때에도 일어서서 두 손으로 공손하게 받는다. 두 손으로 받는 것이 기본 매너이지만 왼손을 오른쪽 팔꿈치에 대주는 것도 무방하다.

② 받은 명함은 바로 명함지갑에 넣지 않고 상대의 회사 및 소속과 이름을 확인한 후 상대의 이름과 직책을 호명할 일이 생기면 직책으로 호명하며 매너를 더한다.

③ 상대에게 받은 명함에 모르는 글자가 있으면 정중하게 물어본 뒤 나중에 메모해 둔다.

④ 받은 명함에 글씨 또는 낙서를 하거나 책상 위에 그냥 내버려두어서는 안 된다. 또한 명함을 손에 쥐고 만지작거리거나 산만한 행동을 보여서도 안 된다.

⑤ 자리를 마무리하고 인사를 나누면서 받은 명함은 명함지갑에 집어넣는 것이 원칙이며 받은 명함은 그날 중으로 3W(When, What, Where)정보를 명함 여백에 쓰고 명함 보관 케이스에 정리해 두면 다음에 참고가 된다.

4. 명함을 동시에 주고받는 매너

① 오른손으로 주고 왼손으로 받는다.

② 내 손가락이 상대방 명함의 이름을 가리지 않게 받는다.

③ 직급이나 서열이 낮더라도 일어

서서 받는 것이 좋다.

④ 가벼운 스몰 토크를 나눈다.

5. 명함 매너의 5대 포인트

① 직급, 서열이 낮은 사람이 먼저 전달한다.

② 다른 회사에 방문했다면 지위와 무관하게 방문한 사람이 먼저 건네는 것이 좋다.

③ 꼭 명함지갑이나 케이스를 사용한다.

④ 상대방이 읽기 좋은 방향으로 배꼽과 가슴 사이의 위치에서 건넨다.

⑤ 정중하게 전달하되, 소속과 성명을 밝힌다.

TIP! 상식 더하기

〈양손으로 전달하는 방법〉

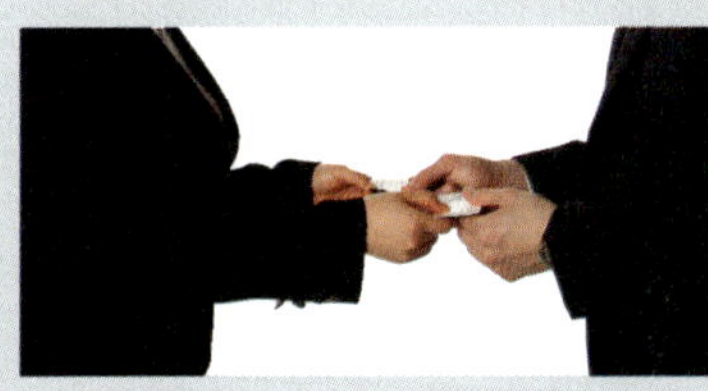

〈동시에 주고받는 방법〉

명함 드릴 때 : "저는 (   )에 근무하는 (   )입니다."

명함 받을 때 : "네~ 반갑습니다. 회사가 저와 가까운 곳이네요."

제 6 장 비즈니스 전화 매너

1. 전화 매너의 중요성

전화는 우리 생활의 일부분이고 업무의 연장일 수 있으며 인간관계에서 친분을 돈독히 하는 수단이다. 또한 전화를 통해 남기는 첫인상은 사람을 직접 대면했을 때의 첫인상만큼 중요하다. 그러나 전화는 상대방과 직접 대면하지 않고 목소리나 언어만으로 대화가 이루어지기 때문에 상대가 그 의미를 오해하거나 자칫하면 실수를 범할 수도 있다. 전화는 정보화시대에 업무상 중요한 수단이고 회사의 이미지를 결정짓는 요소로서 올바르게 사용하며 친절하고 예의 바르게 응대할 수 있는 매너가 필요하다.

[전화 매너 셀프 진단]

*해당 문항에 O X를 체크한 후 최종 O의 개수에 대한 평가를 참고한다.

No	문항	O	X
1	인사와 자기소개를 했다.		
2	첫인사를 할 때 밝은 음성으로 했다.		
3	상대방의 전화 용건이 무엇인지 파악했다.		
4	용건 외의 잡다한 말은 하지 않았다.		
5	문의에 신속하게 응대했다.		
6	친절하고 정중하게 통화했다.		
7	경어와 호칭을 적절히 사용했다.		
8	전화를 빨리 받았다(늦게 받았을 경우 늦게 받아 죄송하다는 인사를 전했다).		
9	상대방의 말에 적당히 반응을 보였다.		
10	끝인사를 정확히, 친절한 음성으로 했다.		

⊙결과

9개 이상 : 매우 좋아요.

7개 이상 : 양호해요.

5개 이상 : 조금 더 신경을 써주세요.

5개 이하 : 많은 노력이 필요해요.

2. 전화 거는 방법

① 전화를 거는 곳의 시간, 장소, 상황이 적절한지를 체크한다. 전화를 거는 것은 남의 집을 방문하는 것과 같은 주의가 필요하다. 가급적 너무 이른 시간, 식사시간, 심야시간은 피하도록 한다.

② 전화 걸기 전에 용건을 미리 정리한다.

③ 밝은 목소리로 인사하며 자신의 소속과 이름을 먼저 밝힌다.

④ 통화하고자 하는 사람의 이름과 소속을 밝힌다.

⑤ 다른 사람이 받았을 때는 정중하게 연결해 주기를 청한다.

⑥ 상대방을 확인한 후 용건에 대해 쉽고, 간결하고, 명확하게 전달한다.

⑦ 통화 도중 끊어졌을 때는 건 쪽에서 다시 걸도록 한다.

⑧ 용건이 끝나면 끝인사를 하고 마무리한다.

⑨ 건 쪽이 먼저 끊는다. 윗사람에게는 아랫사람이 나중에 끊는다.

⑩ 만약 전화를 잘못 걸었을 경우 말 없이 그냥 끊지 말고, "잘못 걸어 죄송합니다"라는 정도의 사과를 하고 끊는다.

3. 전화 받는 방법

① 전화벨이 울리면 세 번 이내에 받는다.

② 만약 3회 이상 울렸을 경우에는 "늦게 받아 죄송합니다."라고 사과의 말을 한다.

③ 메모할 준비가 되어 있어야 한다.

④ 인사말과 소속 부서, 성명을 명확히 밝힌다.

⑤ 끝인사를 꼭 한다.

⑥ 통화 종료 시에는 상대가 전화를 끊은 후 3초 후에 수화기를 내려놓는다.

4. 상황별 전화 응대방법

구분	상황별 응대예시
전화를 연결할 경우	• 전화 받을 사람을 확인한다. "잠시만 기다려주십시오. 연결해 드리겠습니다." • 연결 전 건 사람의 신원에 대해 확인한다. "죄송하지만 누구시라고 전해 드릴까요?" • 통화를 연결하면서 혹시 끊어질 경우에 대비해 직통번호를 알려준다. "네, 바로 연결해 드리겠습니다. 혹시 연결 중 끊어질 경우에는 000 - 0000번으로 거시면 됩니다." • 전화 받을 사람을 확인하고 전화를 연결할 때는 홀드버튼을 사용한다. • 전화 통화 중에 다른 사람과 상의할 일이 생기면 양해를 구하고 상대방에게 대화가 들리지 않도록 송화기를 막는다. • 전화를 바로 받기 어려운 경우에는 사유를 설명하며 양해를 구하고, 메모를 받아 전달한다. "네, 과장님께서 다른 업무로 통화 중이라 바로 연결이 어렵습니다. 연락처를 남겨 주시면 메모해 전달해 드리겠습니다."
전화 받는 사람이 부재중인 경우	• 부재중인 이유와 일정을 알려준다. "지금 ooo씨가 부재중으로 2시쯤 돌아올 예정인데 메모 남겨주시면 전해 드리겠습니다. • 부재중인 사유와 예정을 알려주고 용건을 정중히 묻는다. • 용건을 물어보고 대신 처리가 가능한 경우 친절히 설명한다. • 용건을 부탁받았을 때는 메모를 정확히 하여 전달하며, 전화를 받은 자신의 소속, 이름을 알려준다. 전화를 끊고 메시지를 수신자에게 전달한다. "나중에 다시 하세요."와 같은 표현은 삼간다.

전화가 잘 들리지 않을 경우	• 수화기를 입에서 멀리 두어 말하거나 목소리가 작게 들리는 경우에는 정중히 좀 더 큰 소리로 말씀해 주실 것을 요청한다. "죄송합니다만 다시 한 번 말씀해 주시겠습니까?" • 상대방의 말이 분명하게 들리지 않거나 전화 상태가 좋지 않은 경우 다시 걸도록 정중히 요청한다."죄송합니다만 전화를 다시 한번 걸어주시면 감사하겠습니다."
잘못 걸린 경우	• 상대방이 무안하지 않도록 친절하게 응대한다. "실례지만 몇 번으로 전화하셨습니까? 여기는 oooo입니다."
통화 도중 고객이 방문한 경우	• 먼저 눈인사와 가벼운 목례로 곧 응대할 것을 알린다. • 가능한 통화를 빨리 끝내도록 하며, 통화가 길어질 경우 양해를 구한다. 고객님, 죄송하지만 앞에 고객님이 기다리고 계셔서 응대 후 바로 다시 전화를 드리겠습니다. 괜찮으시다면 번호를 남겨주시겠습니까?"
기침이나 재채기가 나오는 경우	• 수화기를 막고 들리지 않도록 한다. 급한 경우 고개만 돌린다. • 고객에게 양해를 구하고 통화를 이어간다. "고객님 죄송합니다. 갑자기 기침이 나와서…"
불만전화를 받을 경우	• 고객의 불만사항을 끝까지 경청한다. • 고객의 불편한 감정에 공감하며 사과한다. "정말 죄송합니다. 고객님의 입장을 충분히 이해합니다." • 불만사항을 조사하여 처리사항에 대해 안내하며 전화기를 끊기 전에 거듭 사과하며 인사한다.
전화를 끊을 때	• 전화 통화를 어떻게 마무리짓는가는 전화상으로 전달되는 이미지에 큰 영향을 끼친다. 우선 상대에게 고맙다는 말과 긍정적인 말로 통화를 마무리한다. "전화 주셔서 감사합니다." "안녕히 계십시오." "좋은 하루 되십시오." "즐거운 하루 되십시오." • 전화 끊는 것을 확인한 뒤 조용히 수화기를 내려놓는다.

5. 전화 매너의 3대 포인트

신속	• 전화벨이 울리면 세 번 이내에 받는다. 만약 3회 이상 울렸을 경우에는 "늦게 받아 죄송합니다."라고 사과의 말을 한다. • 왼손은 수화기를 오른손은 메모할 준비가 되어 있어야 한다. • 인사말과 소속 부서, 성명을 명확히 밝힌다. • 통화는 핵심내용으로 3분 안에 마칠 수 있도록 하며 결과 안내나 기다리게 할 경우 예상시간을 미리 알린다. • 용건을 마친 후 끝인사를 한 후 통화 종료 시에는 고객이 전화를 끊은 뒤 3초 후에 수화기를 내려놓는다.
정확	• 고객의 용건을 정확하게 파악한다. • 통화할 용건과 순서를 메모한다. 통화 중 필요할 만한 자료는 미리 빠짐없이 준비해 둔다. • 5W1H(What, When, Where, Who, Why, How)를 활용한 메모의 습관을 들인다. • 상대방의 전화번호, 소속, 성명, 직함 등을 다시 확인한다. • 분명한 발음으로 고객이 정확하게 알아들을 수 있도록 말한다. • 통화내용을 명료하게 메모, 정리, 복창하여 내용을 재확인한다. • 업무에 대한 정확한 전문지식을 갖추고 응대한다.
친절	• 직접 고객을 맞이하는 마음으로 전화응대를 한다. • 상냥한 어투로 상대를 존중하며 열린 마음으로 응대한다. • 잘못 걸려온 전화라도 고객 응대 시와 같은 어조와 음성으로 받는다.

제 7 장 비즈니스 휴대전화 매너

1. 휴대전화 매너의 필요성

휴대전화는 언제 어디서든 연락할 수 있는 편리한 커뮤니케이션 도구이다. 그렇기 때문에 오히려 상대방에게 결례를 범하는 경우가 종종 생긴다. 비즈니스 장소에서 회의 중이거나 휴가 중일 때 연락을 취하는 것은 매너에 어긋날 수 있기 때문이다. 따라서 상황에 따른 휴대전화 매너를 익혀두는 것이 필요하다.

2. 휴대전화 매너의 기본

① 벨소리 대신 진동으로 해두는 습관을 기른다.

② 휴대전화를 받으면 먼저 이름과 회사명 등을 댄다.

③ 상대방이 전화를 받을 수 있는 상황인지를 확인한다. 상대방의 휴대전화로 전화할 때는 먼저 "지금 통화하실 수 있으십니까?"라고 확인한다.

④ 통화는 짧게 낮은 목소리로 한다.

⑤ 휴대전화 통화 시에도 메모할 준비를 갖춘다.

⑥ 간단한 연락사항에 대해서만 통화한다. 가능한 휴대전화로는 중요한 기밀사항은 이야기하지 않는 것이 매너이다. 휴대전화는 긴급 연락을 취하는 도구라는 사실을 잊지 않도록 한다.

⑦ 버스나 지하철 등 대중교통 수단을 사용할 때는 가능한 휴대전화를 사용하지 않는다. 불가피하게 전화를 받아야 하는 경우에는 "죄송합니다만 지금 이동 중입니다. 제가 다시 전화를 걸어도 되겠습니까?"라고 말한 뒤 일단 전화를 끊는다. 그리고 조용한 곳으로 가서 전화를 걸며 "방금 전에는 실례가 많았습니다."라고 말한 뒤 통화한다.

3. 휴대전화 매너 응용

① 업무상 문자나 SNS 활용 시 지나친 이모티콘 사용을 삼간다.

② 공적 SNS와 사적 SNS를 잘 구별하여 노출한다.

③ 전화를 받지 않는 경우에는 메시지를 남긴다. 만약 휴대전화로 긴 문자 메시지를 발송할 때는 '제목 없음'으로 보내지 말고 오해의 소지가 없도록 제목을 붙여야 한다. 제목에 자신의 회사명과 이름을 밝힌 후 상대방이 이해하기 쉽도록 간결하게 정리한다. 중요한 내용을 문자 메시지로 받았을 경우에는 "잘 알겠습니다." 혹은 "즉시 시행하겠습니다." 등의 답신을 바로 보내 제대로 수신했음을 알리도록 한다. 상사나 윗분에게 보낼 때는 '올림'이라고 꼭 명시하자.

④ 전화를 먼저 건 사람이 먼저 끊는 것이 원칙이다. 단, 손님과 상사의 경우에는 상대방이 먼저 끊은 것을 확인하고 끊는 것이 기본이다.

⑤ 항공기나 병원 또는 공연장이나 극장과 같은 공공장소에서는 휴대전화를 꺼둔다.

⑥ 장례식이나 조문 시에는 고인과 상주에 대한 결례가 되므로 휴대전화 사용은 삼간다.

⑦ 아침 9시 이전, 밤 9시 이후에는 가능한 전화하지 않는다.

4. 회의 중일 때 휴대전화 사용 매너

① 회의 중이거나 거래처와 미팅 중일 때는 휴대전화를 꺼두는 것이 좋다. 전화 연락이 예정되어 있다면 "오늘 3시부터 4시까지 회의가 있어서 이 시간에 전화를 받지 못할 수도 있습니다."라고 다시 한 번 관계자에게 전달해 둔다.

② 중요한 긴급 전화가 예정되어 있는 경우에는 휴대전화를 매너 모드로 전환하고 회의 종료 후에 착신기록을 확인하여 다시 걸도록 한다. 이때 "죄송합니다. 전화를 받을 수 없는 상황이었습니다."라고 사과한 후 이야기를 시작한다.

③ 매우 긴급한 상황이어서 반드시 연락을 받아야 하는 경우에는 "정말 죄송합니다만, 회의 중에 긴급 전화를 받아야 할 일이 있습니다. 큰 실례인 줄은 알지만 이따가 전화를 받아도 되겠습니까?"라고 사전에 양해를 구한다.

5. 휴대전화 매너 5대 포인트

① "지금 통화하실 수 있으십니까?"라고 확인한 후 통화를 한다.

② 벨소리보다는 진동을 사용한다.

③ 문자나 SNS를 보낼 때 지나친 이모티콘 사용은 삼간다.

④ 공공장소에서 큰 소리로 통화하지 않는다.

⑤ 전화를 건 사람이 먼저 끊는 것이 매너이다.

TIP! 상식 더하기

전화 통화 시 상대방은 실제 말의 내용보다는 억양/어투/발음/톤/음성 표현에 더 민감하게 반응한다. 녹음을 해서 본인의 전화 통화를 모니터링해 보는 것이 좋다.

이때 체크해야 할 것은

첫째, 적당한 속도의 유지(140~169단어/1분당)

둘째, 발음은 정확하게!! 목소리는 약간 낮게!!

셋째, 첫인사는 '솔'톤, 일반 응대는 '미'톤, 마지막 인사는 '솔'톤으로 마무리

넷째, 강조하는 바에 따라 내용의 전달효과가 높음

제 8 장 의전 매너

1. 소개 매너

소개란 단순히 그 사람이 누구인지를 알려주는 것에서 나아가 인간관계를 형성하기 위한 사교의 시작이다. 만나는 사람들이 서로에게 좋은 인상을 가지고 폭넓은 인간관계를 만들 수 있는 적절한 형식과 매너에 대해 알아보자.

- 자신 있고 당당하며 정확하게 자신을 소개한다. 자신을 소개할 때는 인사말과 함께 자신의 소속과 이름을 밝힌다. 상대방이 정확하게 들을 수 있도록 크고 분명한 발음으로 소개해야 한다.
- 밝은 표정으로 시선을 마주친다.(상대방과의 시선을 피하면 자신감이 결여되어 보인다.)
- 상대방을 소개할 때 정확한 이름과 소속 등을 확인한다. 이름이나 회사명, 직함을 잘못 소개하는 실수를 하면 안 된다.
- 소개가 끝나면 먼저 소개받은 사람이 먼저 인사를 청한다. "처음 뵙겠습니다. 만나뵙게 되어 영광입니다."라고 공손한 태도로 상대방에게 호감 주는 인사를 한다.
- 소개받은 상대방의 이름은 반드시 외운다.

매너 있는 소개 순서

먼저		나중	
직위가 낮은 사람	→	직위가 높은 사람	
연소자	→	연장자	(직위가 나이보다 우선)
후배	→	선배	
직장사람	→	손님	
한 사람	→	여러 사람	
남성	→	여성	(나이와 직위 고려)

2. 엘리베이터 매너

엘리베이터 매너의 기본

- 엘리베이터는 좁은 공간에 많은 사람이 타고 내리기 때문에 더욱 조심해야 한다.
- 엘리베이터를 이용할 때 타고 있던 사람이 먼저 내리고 타는 것이 기본예절이다.
- 안내원이 있는 경우에는 손님이나 상사가 먼저 타고 내리도록 한다.
- 엘리베이터는 공간이 협소하기 때문에 큰 소리로 이야기하거나 많은 말을 하게 되면 주변 사람들에게 불쾌한 감정을 주게 되므로 조용히 있도록 한다. 급히 할 이야기가 있을 때는 남에게 폐가 되지 않도록 귓속말로 한다.

엘리베이터 타고 내리는 순서와 상석 위치

- 안내원이 없는 경우에는 하급자가 먼저 탑승해 손님이나 상사가 탑승하는 동안 열림 버튼을 누르고, 내릴 때는 상사와 손님이 먼저 내릴 때까지 열림 버튼을 누른 다음에 내린다.
- 엘리베이터에서는 조작버튼 앞이 말석이고 그 대각선이 상석이다.
- 상사나 손님만 엘리베이터에 탑승할 때는 밖에서 문이 완전히 닫힐 때까지 배웅하는 것이 예의이다.

엘리베이터 상석 위치

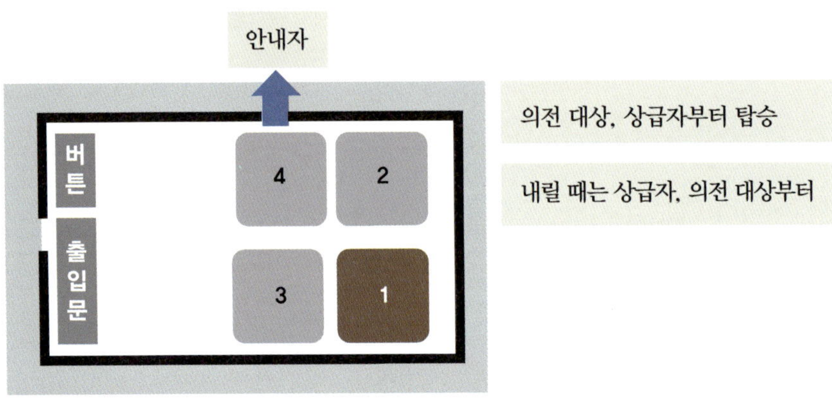

3. 승용차 매너

승용차 매너의 기본

- 자가 운전의 경우에는 바로 옆에서 대화를 나눌 수 있는 보조석이 최상석이다. 만약 뒷좌석 우측에 상위자가 앉을 경우, 운전자는 직업적인 기사로 취급받는 모양새가 되기 때문에 이를 배려한 것이다.

차량 이동

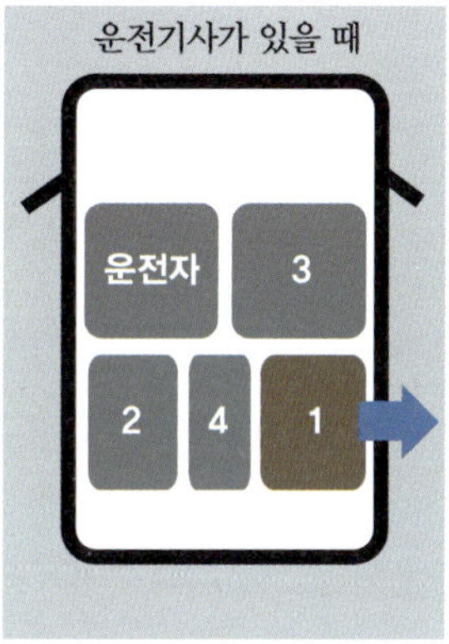

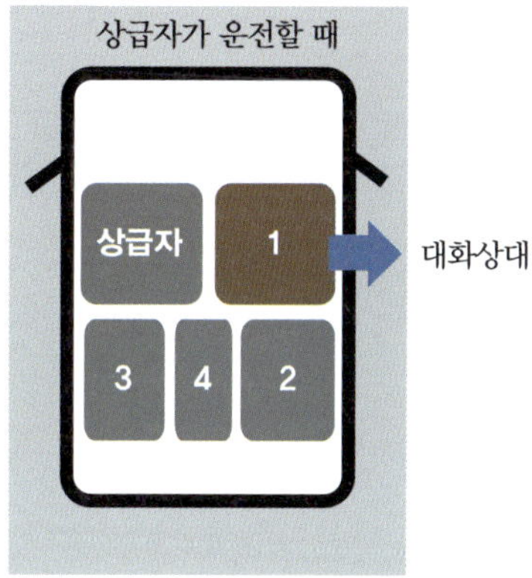

승용차 승하차 순서와 상석 위치

- 운전기사가 있는 차를 탈 때는 승하차가 편리한 조수석 뒷자리가 최상석이다.
- 다음으로 운전석 뒷자리가 2석, 조수석이 3석, 뒷자리의 가운데 자리가 4석이다.
- 승용차에 탑승할 때 상위자나 여성이 먼저 승차하고 하위자나 남성이 먼저 하차하는 것이 원칙이다.

운전자가 있는 경우

손수 운전의 경우

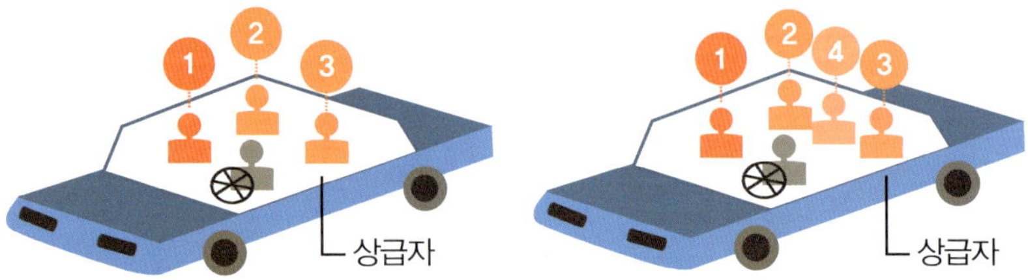

4. 장소 안내 매너

복도에서의 안내 매너

- 고객이나 상사와 동행하거나 안내 중일 때는 상대보다 1~2걸음 대각선으로 앞서서 안내를 한다.
- 가끔 뒤돌아보며 상대의 발걸음과 맞추어 멀리 떨어지지 않도록 주의한다.
- 모퉁이를 돌 때는 돌아보면서 가야 할 방향을 손으로 가리킨다. 이때 손바닥이 위를 향하도록 해야 하며, 손가락 사이가 벌어지지 않도록 조심하며 얌전하게 모아서 가리킨다.

계단과 에스컬레이터에서의 안내 매너

- 계단이나 에스컬레이터를 오르내릴 때는 고객이나 상사보다 항상 안내자가 아래쪽에 위치해야 한다.
- 계단이나 에스컬레이터를 올라갈 때 상위자가 먼저 올라가는 것이 예의이다.
- 여성과 같이 올라갈 때는 남성이 앞장서는 것이 좋다.
- 내려올 때는 안내자가 앞서 내려온다.

제 9 장 경조사 매너

1. 경조사 매너의 중요성

사회생활을 하다 보면 다양한 경조사에 참석해야 하는 경우가 많다. 원만한 사회생활을 위해서는 좋은 인간관계를 쌓는 것이 중요하다. 온라인 취업포털에서 직장인 1,521명을 대상으로 '인맥 관리를 위해 반드시 해야 할 것'을 조사한 결과, 무려 80%가 경조사 참석이라고 대답했다. '경조사는 특별한 행사인 만큼 격식을 갖추어 예의 바르게 행동해야 한다. 슬픈 일과 기쁜 일을 구분할 수 있어야 하며, 상황에 맞는 언행을 하도록 주의하고, 마음을 바르게 전달할 수 있는 선물이나 답례 방법 등의 경조사 매너에 대해 알아보자.

2. 결혼식장에서의 기본 매너

- 결혼식 시작보다 20~30분 정도 일찍 도착하여 신랑, 신부와 인사도 하고 여유 있게 예식을 기다리는 것이 매너이다.
- 피치 못할 사정으로 결혼식에 불참할 경우 최소 1일 전에는 통보한다.
- 하객 복장은 단정한 정장 차림과 같이 품위 있게 차려 입는 것이 기본 매너이다. 여성의 경우 전체적으로 화이트 색상은 신부를 상징하는 색이므로 피한다.

- 축의금은 청첩장을 전해준 지인과의 관계도 고려하여 자신의 형편에 맞게 정성을 담아 준비한다.
- 부득이한 사정이 있는 경우 외에는 축의금을 낸 뒤 바로 식사를 하거나 결혼식이 다 끝나기도 전에 자리를 뜨는 것은 예의에 어긋난다.

TIP! 상식 더하기

생일 기념

회갑 回甲 : 61세 되는 해(환갑 還甲)

진갑 進甲 : 회갑 다음 해(진갑 進甲)

칠순 七旬 : 70세 되는 해(고희 古稀, 희수 稀壽)

희수 喜壽 : 77세 되는 해

팔순 八旬 : 80세 되는 해(산수 傘壽)

미수 米壽 : 88세 되는 해

백수 白壽 : 99세 되는 해(백수 白壽)

결혼 기념

1주년 - 지혼식(紙婚式)

2주년 - 고혼식(藁婚式)

3주년 - 당과혼식(糖菓婚式)

4주년 - 혁혼식(革婚式)

5주년 - 목혼식(木婚式)

7주년 - 화혼식(花婚式)

10주년 - 석혼식(錫婚式)

12주년 - 마혼식(麻婚式)

15주년 - 동혼식(銅婚式)

20주년 - 도혼식(陶婚式, 磁器婚式)

25주년 - 은혼식(銀婚式)

30주년 - 진주혼식(眞珠婚式)

35주년 - 산호혼식(珊瑚婚式)

40주년 - 벽옥혼식(碧玉婚式)

45주년 - 홍옥혼식(紅玉婚式)

50주년 - 금혼식(金婚式)

60주년 - 회혼식(回婚式, 금강석혼식 金剛石婚式 : 결혼 60주기를 맞은 부부가 자손들 앞에서 혼례복을 입고 60년 전과 같은 혼례식을 올리면서 해로 60년을 기념하는 의례식으로 회혼을 축하드리면서 만수무강을 빈다.)

3. 장례식장에서의 기본 매너

남성의 경우 와이셔츠는 흰색, 넥타이, 양말, 구두는 검은색으로 입는다. 여성의 경우 검정 상의에 검정스커트나 바지를 입거나 그 밖에 튀지 않는 어두운 계열의 단정한 옷이면 무난하며 맨발로 문상하는 일이 없도록 한다. 현란하고 과한 액세서리와 핸드백은 피하는 것이 좋다.

조문순서

① 빈소에 도착하면 방명록에 서명 및 부의금을 전달한 뒤 상주가 있는 분향소로 들어간다.

② 분향할 때 왼손으로 오른손을 받치고, 오른손으로 향을 집어 불을 붙인다. 향은 홀수로 분향한다. 향에 불이 붙었을 경우 향을 흔들거나 왼손으로 바람을 일으켜 끄도록 한다. 입으로 불어서 끄는 일이 없도록 주의한다.

③ 헌화하는 경우에는 꽃봉오리가 영정 사진 쪽을 향하게 놓는다.

④ 절을 두 번 올리고, 목례 반절을 한다. 남성의 경우에는 오른손이 위로 올라오도록 왼손 위에 오른손을 포갠다. 여성의 경우 왼손이 위로 올라오도록 오른손 위에 왼손을 포갠다. 평절이나 큰절 둘 중의 하나를 하면 된다.

⑤ 영정 앞에서 물러나 상주 쪽을 향해 선다. 상주가 한 번 절을 하면 손님이 맞절 또는 답배를 한다. 절을 하지 않을 경우 정중히 고개를 숙여 예를 표한다.

⑥ 조문이 끝나면 두세 걸음 뒤로 물러난 뒤, 몸을 돌려 나오는 것이 예의이다.

조문순서

① 입장
② 방명록 서명 및 부의금 전달
③ 분향과 헌화 후 재배(절하기)
④ 조문
⑤ 퇴장

조문 시 올바른 인사말

문상 시에 아무 말도 하지 않고 물러나오는 것이 일반적이지만, 상주와 친밀한 관계라면 낮은 목소리로 애도의 인사말을 전한다.

조문 시 인사말 예시

"얼마나 슬프십니까."
"뭐라 위로할 방법이 없습니다."
"얼마나 마음이 아프십니까?"
"삼가 고인의 명복을 빕니다."
"삼가 조의를 표하며 고인의 명복을 빕니다."
"뜻밖의 비보에 슬픈 마음 금할 길 없습니다."
"뭐라 드릴 말씀이 없습니다."
"상사에 어떻게 위로를 전해야 할지 모르겠습니다."

문상 시 삼가야 할 일

- 유가족을 붙잡고 계속 말을 시키는 것은 실례다.
- 상주, 상제에게 악수를 청하는 행동은 삼간다.
- 상주가 어리더라도 반말이나 예의 없는 행동을 해서는 안 된다.
- 반가운 친지나 친구를 만나더라도 큰 소리로 이름을 부르지 말아야 한다.
- 낮은 목소리로 조심스럽게 말하고, 문상이 끝난 뒤 밖에서 따로 이야기하는 것이 좋다.
- 고인의 사망 원인, 경위 등을 유가족에게 상세하게 묻는 것은 실례이다.
- 고인이 연세가 많아서 돌아가셨을 때 호상이라 하여 웃고 떠드는 일

이 있으나, 이는 예의가 아니다.

- 과도한 음주, 도박 등으로 인한 소란행위나 고성방가는 삼간다.

TIP! 상식 더하기

상황에 따른 절의 종류

① **큰절** : 일반적으로 공경을 드려야 하는 대상에게 하는 절로 절을 받는 사람이 답배를 하지 않아도 된다. 폐백이나 조부모와 부모의 회갑 때 하는 절

② **평절** : 서로 공경해 맞절을 하는 경우로 같은 또래끼리 절을 할 때나 윗사람에게 문안이나 세배를 할 때

③ **반절** : 평절을 받는 사람이 절하는 사람을 존중해서 답배하는 절로 가까운 친족이 아닌 성년자의 절에는 반절로 답배

큰절(문상 시)

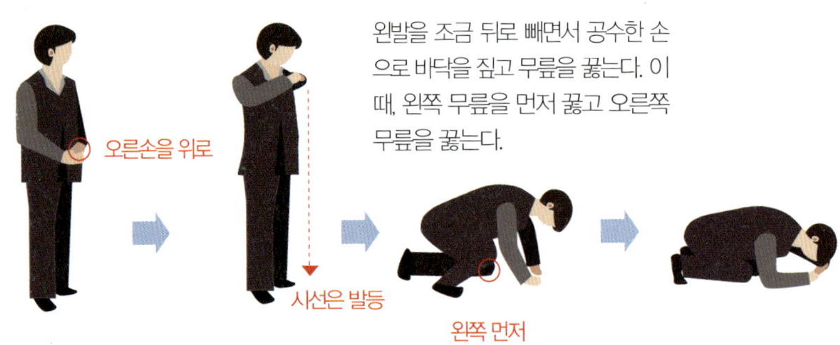

자세를 바로 한다. 공수한 손은 허리선 부분에 두고 바른 자세로 서며 오른손을 위로 한다.

손을 눈높이로 올린다. 손바닥은 바닥을 향하도록 하고 눈은 발등을 향한다.

몸을 앞으로 깊이 숙여 절한다.

큰절

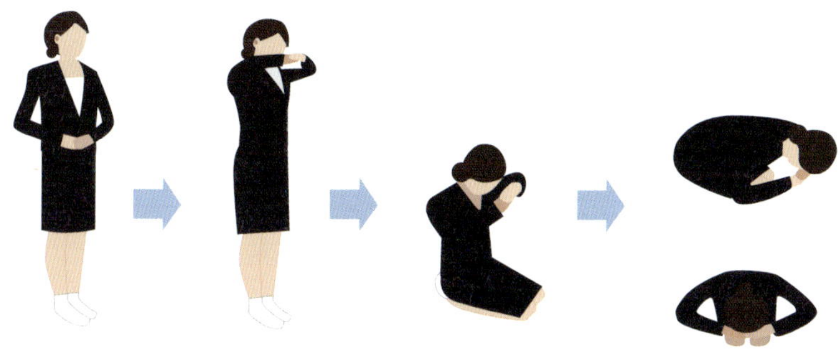

① 자세를 바로 한다.
- 공수(拱手)한 손을 허리선 부분에 두고 바른 자세로 선다.
- 공수(拱手) : 평상시에는 오른손을 위로 하고 흉사시에 는 왼손을 위로 한다.

② 공수(拱手)한 손을 눈높이로 올린다.
- 손바닥이 바닥을 향하도록 하고 눈은 다소 곳이 발등을 향한다.

③ 공수(拱手)한 손을 눈높이에 둔 채 무릎 꿇고 앉는다.

④ 몸을 앞으로 깊이 숙여 절한다.

평절

① 자세를 바로 한다.
- 공수(拱手)한 손을 허리선 부분에 두고 바른 자세로 선다.
- 공수(拱手) : 평상시에는 오른손을 위로 하고 흉사시에 는 왼손을 위로 한다.

② 공수(拱手)한 손을 풀어 바로 선 자세에서 무릎 꿇고 앉는다.

③ 양손을 무릎 앞부분 양 옆의 바닥을 짚으며 절한다.

4. 경조사 봉투 쓰는 방법

부조금이란 축하하거나 위로하는 마음을 담아내는 돈이다. 경사스러운 일에 보내는 돈은 축의금, 상을 당한 상가에 보내는 돈은 부의금이라고 한다.

부의 봉투 쓰는 방법

- 내부가 비치지 않는 단정한 흰색 봉투를 준비한다.
- 봉투의 앞면은 일반적으로 부의(賻儀)라고 적는다. 근조(謹弔), 조의(弔儀), 추모(追慕), 추도(追悼), 애도(哀悼), 위령(慰靈), 향촉대(香燭代) 등도 가능하나.
- 봉투의 뒷면은 왼쪽에 이름, 오른쪽에 소속을 적는다. 왼쪽에 소속과 이름을 같이 적는 경우도 있다.
- 부조하는 사람 이름 뒤에는 아무것도 쓰지 않아도 되지만, 근정(謹呈), 근상(謹上)을 붙이기도 한다.(OOO 謹上)

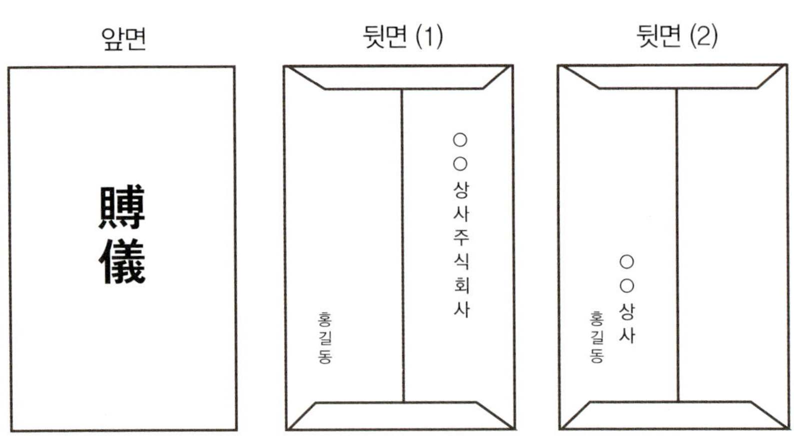

축의 봉투 쓰는 방법

- 내부가 비치지 않는 단정한 흰색 봉투를 준비한다.
- 봉투의 앞면에 축결혼(祝結婚), 축화혼(祝華婚), 축성전(祝盛婚), 축성혼(祝聖婚), 하의(賀 儀)라고 적는다.
- 봉투의 뒷면은 왼쪽에 이름, 오른쪽에 소속을 적는다. 왼쪽에 소속과 이름을 같이 적는 경우도 있다.

5. 병문안 매너의 기본

① 병문안은 환자의 상태에 따라 면회 가능시간이나 회진시간이 정해져 있으므로 방문 전에 확인한다.

② 환자가 불편해 할 수 있으므로 말없이 불쑥 찾아가는 것은 삼간다.

③ 병문안 시 너무 많은 사람이 가는 것은 민폐일 수 있으니 최소 인원만 다녀온다.

④ 환자는 절대적 안정이 필요하므로 30분 이상 머물지 않는다.

⑤ 보통 수술 혹은 입원 후 1~2일 정도 지난 뒤에 가는 것이 적당하다.

병문안할 때 주의사항

① 꼭 가야 할 경우에만 병문안을 한다.

② 전염병이 유행인 경우 되도록 병문안은 삼간다.

③ 문병 시 꽃 선물은 지양하며, 환자에게 필요한 물건이나 음식을 준비하는 것이 좋다.

④ 입원 중 병원에서 음식이 제공되고 환자에 따라 먹는 음식이 제한될 수 있기 때문에 환자의 가족이나 지인에게 문의한 후 피해야 할 음식은 가져가지 않는다.

⑤ 장기간 입원하는 경우라면 소설책 등 읽을거리를 선물하는 것도 좋다.

제 10 장 비즈니스 식사 매너

1. 테이블 기본 예약 매너

글로벌 시대에 국내뿐만 아니라 해외에서 각종 국제적인 행사나 파티에 참가하는 비즈니스 자리가 많아지고 있다. 테이블 매너에 있어서 동서양식 식사문화를 이해하고, 식사 시 기본적 에티켓과 매너를 습득해서 사람들과의 관계성을 유지하며 성공적인 비즈니스를 달성할 수 있도록 한다.

상대방을 배려하는 테이블 매너는 예약에서부터 시작된다. 고급 레스토랑을 사교나 접대목적으로 이용할 때에는 불편함이 없도록 예약해 두는 것이 매너이다. 레스토랑 이용 시 입구에 들어서면 반드시 지배인 또는 리셉셔니스트의 안내를 받고 정식 디너의 경우 상황에 따라 배석이 정해져 있으므로 유의하여 앉도록 한다.

예약(Reservation)

① 시간의 여유를 가지고 보통 7~10일 전에 예약하고 전날에 예약을 재확인한다.

② 예약 시에는 자신의 성명, 연락처, 일시 및 참석자의 수와 모임의 종류

를 알려준다.

③ 예약시간은 반드시 지켜야 하며 불가피하게 취소할 상황이 생기면 최소한 하루 전에는 알린다.

④ 단체모임 시에는 미리 메뉴를 예약하고, 기념일인 경우 사전에 협의하여 별도의 특별서비스를 예약한다.

착석 매너

① 레스토랑에 도착하면 지배인 혹은 리셉셔니스트의 안내에 따라 이동한다.

② 의자에 깊숙이 앉아 등을 펴고 몸과 테이블 사이는 주먹이 하나 들어갈 정도의 거리를 둔다.

③ 착석 후에는 팔꿈치를 테이블 위에 세우거나 턱을 괴는 행위는 삼간다.

④ 테이블에 앉을 때 다리를 꼬거나 다리를 올리고 앉지 않는다.

⑤ 테이블 위에 소지품이나 물건을 올려놓지 않는다.

TIP! 상식 더하기

팁(tip)문화 바로 알기

Tip이란?

신속한 서비스에 대한 사례로 주는 돈을 의미. 서양에서는 사례라기보다는 베푼 서비스에 대한 당연한 보수란 느낌이 더 강하다. 팁을 꼭 주어야 할 상황에서는 팁을 꼭 준다. 특히 서양에서는 식당, 이발소, 미용실, 호텔 등에서 서비스에 대한 팁을 주는 것이 상례이다.

Tip 주는 법

① Tip은 대개 지불할 금액의 10~20%가 보통이며 너무 적거나 많아도 좋지 않다.

② 특수한 서비스를 요청했거나 심야, 조조에 서비스를 부탁했을 때는 조금 넉넉히 주는 게 좋다.
③ 청구서에 서비스료가 포함되어 있을 경우에는 팁을 따로 주지 않아도 되나 잔돈 정도는 남기는 것이 적당하다.
④ 터무니없이 많은 팁을 요구하는 경우에는 분명히 거절할 줄 알아야 한다.

팁을 주지 않아도 되는 경우

① 봉사자가 공무원이거나 준공무원 신분일 때
② 셀프서비스를 할 때
③ 항공기나 선박에서 승무원의 서비스를 받을 때
④ 단체여행 시 대표가 일괄 지불하고 있을 때

팁 플러스 매너

① 감사의 말을 곁들이는 것이 매너를 더하는 것
② 팁을 줄 때는 감사한 마음으로 살짝 건네주는 것이 좋다.
③ 과시하는 듯한 제스처를 써가며 드러나게 주는 것은 매너가 아니다.

2. 상석과 좌석 배치

비즈니스 미팅의 경우

- 주최자는 참석자 중에서 주빈이나 연장자 또는 상급자를 파악하여 누구를 상석으로 모셔야 하는지 그 우선순위를 알아야 한다.
- 주빈의 자리는 테이블 모양과 파티 장소에 따라 다르나 일반적으로 테이블 중앙이나 출입구에서 볼 때 안쪽의 전망이 좋은 자리로 정해야 한다.
- 주최자는 주빈과 마주보거나 주빈의 좌측 자리에 나란히 앉는다.
- 자리 순서를 미리 정해 두고, 신입사원이나 행사 담당은 출입구나 주

방, 화장실에서 가까운 말석에 앉는다.

부부동반 모임의 경우

- 부부동반일 때는 주최자의 부인이 주빈의 우측에, 주빈의 부인이 주최자의 우측에 앉도록 한다.
- 주빈이 없고 모든 참석자가 동등한 위치에 있는 경우 주최자 혼자만 상석에 앉는다.
- 긴 테이블이든 사각 테이블이든 상석은 출구로부터 먼 곳이 원칙이다.
- 주빈이 없고 부부가 함께 주최할 경우 부부가 나란히 같이 앉거나 테이블의 양끝 자리에 나누어 앉는다.
- 부부동반일 때 부부가 붙어 있는 경우가 있으나 통상 떨어져 앉는 것이 보편화되어 있다. 국제적인 관행은 남녀를 섞어서 앉도록 한다.

여성과 함께하는 자리의 경우

- 남녀 둘만 하는 자리라면 완전 정면은 압박감을 느끼기 때문에 대각선으로 앉는 것이 좋다.
- 안내를 받아 처음에 의자를 빼준 자리는 상석이 되기 때문에, 여성이나 윗사람, 초대 손님이 앉게 한다.
- 통상적으로 여성은 통로 가까운 자리나 테이블 끝자리에 앉히지 않는다. 하지만 어린이를 동반한 여성의 자리는 되도록 입구가 가까운 좌석으로 배려하는 것이 좋다.
- 여성을 에스코트할 때 자신이 의자를 빼게 되면 오른쪽에 서서 의자를 빼고, 여성이 앉으면 자신의 자리로 와서 의자 왼쪽에서 앉는다.

3. 주문 매너

- 메뉴는 천천히 시간을 두고 살펴보는 것이 예의이다.
- 특별한 메뉴가 떠오르지 않으면 레스토랑 종업원의 추천 메뉴를 참조한다.
- 초대받았을 경우에는 중간가격대의 요리를 주문하거나 초대한 사람의 음식 가격과 비슷한 가격의 음식으로 주문한다.
- 웨이터를 큰 소리로 부르는 것은 실례이며 가볍게 눈짓을 하거나 손을 든다.

4. 식사 중 매너

- 음식이 모두에게 나오기를 기다렸다가 식사하는 것이 정석이다.
- 음식을 씹을 때는 입을 다물고 소리를 내지 않는다.
- 테이블에서 큰 소리를 내거나 크게 웃는 것은 피한다.
- 식사 중에 나이프나 포크가 떨어지면 줍지 말고 웨이터에게 새것을 요청한다.
- 식사하는 도중에는 식기를 치우거나 포개 놓지 않는다.
- 상대가 입에 음식을 넣었을 때는 말을 건네지 않으며, 입안에 음식이 있으면 서둘러서 말하지 않고 음식을 삼킨 후에 말한다.
- 식사 중에는 될 수 있으면 자리를 뜨지 않는 것이 좋다. 특히 휴대전화 때문에 들락거리면 식사를 함께하는 사람에게 신경쓰지 않는다는 의미이므로 실례이다.
- 먼저 식사를 마쳤다고 일어나는 것은 실례이다.

테이블 세팅

테이블 세팅 시 센터피스는 중앙 장식물로 환영한다는 느낌을 준다.

이때 일반적인 꽃 장식이 아닌 비즈니스 상대의 특성에 따라 센스 있는 연출을 해주면 좋다.

포크, 나이프 사용법

- 접시를 중심으로 왼쪽에 포크가, 오른쪽에 나이프가 놓인다. 위치한 대로 왼손에는 포크, 오른손에는 나이프를 잡는다.
- 식탁에 놓여 있는 나이프는 바깥쪽에서 안쪽으로 놓인 순서대로 사용한다.
- 손에 쥔 나이프와 포크를 세워두고 이야기하지 않는다.
- 바닥에 떨어진 나이프와 포크는 절대 줍지 않는다.
- 식사를 끝낸 후에는 4시 방향이나 정각 3시 방향으로 나이프와 포크를 나란히 둔다.

냅킨 사용법

- 냅킨은 반으로 접어 접힌 쪽을 몸쪽으로 향하게 하여 무릎 위에 놓는다.
- 입 주위나 손끝을 닦을 때는 반으로 접힌 냅킨의 위쪽 끝부분으로 닦는다.
- 식사 중에는 냅킨을 테이블 위에 올려놓지 않는다.
- 식사 도중 자리에서 일어날 때는 냅킨을 의자 위에 놓는다.
- 식사가 끝나면 냅킨을 테이블 위에 올려놓는다.

5. 식사 순서

전채요리 Appetizer

식사 전에 분위기를 익히거나 식욕을 돋우는 것으로 영어로는 '애피타이저(Appetizer)'이고 프랑스어로는 '오드블(Hors d'oeuvre)'라 한다. 메인 요리인 고기나 생선요리를 먹기 전에 식욕을 높여주는 요리이다. 전채요리는 맛이 좋고 입속에 타액의 분비를 촉진시켜 식욕을 돋울 수 있도록 약간 짜고 신맛이 나는 것이 적합하다.

① 차가운 전채요리

캐비아(Caviar, 철갑상어알), 푸아그라(Foie gras, 거위간), 훈제연어(Smoked Salmon), 생굴, 새우칵테일 등

② 뜨거운 전채요리

에스카르고(Escargot, 달팽이), 라비올리(Ravioli), 조갯살(Scallops) 등

수프 Soup

- 수프는 입으로 불지 않고 스푼으로 저어서 식히는 것이 좋다.
- 수프를 먹을 때 안에서 바깥쪽으로 떠먹는 방식은 미국식이고 바깥쪽에서 안쪽으로 떠먹는 방식은 유럽식이다.
- 수프를 먹을 때는 소리를 내지 않는다.
- 수프의 양이 줄어들면 접시의 왼쪽 부분을 가볍게 들고 바닥에 있는 수프를 모두 먹는다.

빵 Bread

- 빵은 나이프를 사용하지 않고 손으로 뜯어 먹는다. 버터는 빵 접시 위에 놓인 버터스프레드를 사용한다.
- 음료는 자신의 오른쪽에 놓여 있는 것을 마시고, 빵과 샐러드는 왼쪽에 있는 것을 먹는다.
- 정찬의 경우에는 식전주 전에 먹어서는 안 되며, 세팅된 빵이 테이블에 놓여 있어도 착석하자마자 먹지 않는다.

샐러드 Salad

샐러드는 알칼리성인 야채가 산성인 고기를 중화시키고 맛과 조화를 이루기 때문에 고기 요리를 먹을 때 필수적이다. 샐러드 종류에는 야채샐러

드와 과일샐러드가 있으며 드레싱을 넣어 만든 요리가 제공되나 드레싱은 개인의 취향에 맞게 별도로 주문할 수 있다.

주요리 Entrée : 육류 요리

- 스테이크는 왼쪽부터 먹을 만큼씩 잘라서 먹고 전부 잘라놓지 않는다. 고기의 육즙이 빠져나와 깊은 맛을 잃게 되기 때문이다.
- 스테이크는 굽는 정도에 따라 맛이 달라지므로 취향대로 굽기 정도를 주문한다.
- 뼈에 붙어 있는 고기는 손으로 먹어도 좋다.

TIP! 상식 더하기

스테이크의 굽는 정도

레어(Rare) : 고기의 겉부분을 익히고 중간부분은 거의 빨간 생고기 상태
미디엄 레어(Medium Rare) : 고기의 겉을 익히고 속은 조금 익은 분홍색인 상태
미디엄(Medium) : 중심부를 약간 익힌 상태의 중간 정도 구운 연분홍의 상태
미디엄 웰던(Medium Welldone) : 겉이 완전히 익은 상태로 충분히 구운 연갈색의 상태
웰던(Welldone) : 겉과 안쪽 모두 익힌 상태로 완전히 구운 갈색의 상태

주요리 : 생선요리

- 생선의 담백한 맛과 레몬의 향을 곁들여서 먹는다. 생선을 뒤집지 않고 그 상태로 왼쪽부터 조금씩 잘라서 먹는다.
- 생선요리는 뼈가 정리되어 나오지만 가끔 통째로 나올 때가 있다. 이때 생선을 먹다가 뒤집으면 안 되고 윗면을 다 먹은 후 뼈를 발라 옆으로 치운 후 밑면을 먹거나, 살을 미리 다 발라낸 후에 먹도록 한다.

디저트 Dessert

- 디저트는 프랑스어로 데세르비르(deaaervir)라고 하여 본래는 프랑스어로 '식사를 끝마치다' 또는 '식탁 위를 치우다'의 뜻에서 유래되었다.
- 식사 후 요리의 맛을 효과적으로 돋우기 위한 것으로 종류는 과자류와 과실류로 다양하게 나눠진다.
- 대표적으로는 푸딩, 케이크, 파이, 과자, 아이스크림, 과일 등이 있다.

6. 식사 후 매너

- 접시 위의 음식은 깨끗이 비우는 것이 초대해 준 사람에 대한 예의이다.
- 다 먹은 접시를 옆으로 치워 차곡차곡 쌓아놓으면 안 된다. 특히 앞사람이 식사를 다 끝내지도 않았는데 접시를 옆으로 치우는 것은 굉장한 실례이다. 단 한 사람이라도 식사가 끝나지 않았다면 빈 접시를 치우지 않고 기다려야 한다.
- 식사가 끝난 후 물로 입을 가글하면 안 된다. 이쑤시개도 아주 조심스레 사용해야 한다. 될 수 있으면 남이 보지 않는 곳에서 사용하고 불가피한 경우 손등으로 입을 가린다.
- 테이블에서는 화장을 고치면 안 되고 화장실이나 파우더 룸을 이용한다.
- 식사 후 자연스럽게 트림을 하는 경우가 있는데 이는 예의에 어긋난다.

제 11 장 와인 매너

1. 와인 매너의 필요성

와인은 플라톤이 "신이 인간에게 준 최고의 선물"이라 극찬했다. 이스라엘에서는 "와인을 마시고 있는 시간에 당신의 마음은 쉬고 있다"라는 속담이 있을 만큼 와인은 아름다운 맛과 향을 지니고 있으며, 세련된 음식문화를 연출하는 매너의 필수 요소이다. 각 나라별로 역사와 품종 그리고 특징에 따라 종류가 다양하므로, 와인을 즐기기 위한 적절한 선택법과 매너를 익혀두도록 한다.

2. 와인의 종류

색상에 따른 분류

① 레드 와인 Red Wine

적포도로 만드는 레드 와인은 포도껍질에 있는 붉은 색소를 추출하게 되며, 붉은색, 자주색, 루비색, 적갈색을 띤다. 알코올 농도는 12~14%이며 18℃ 전후의 실온에서 제맛을 내게 하여 스테이크와 같은 붉은빛의 육류 요리를 먹을 때 함께 마신다.

② 화이트 와인 White Wine

청포도로 만든 황금색 와인으로 레드 와인에 비해 타닌성분이 적어 맛이 순하고 상큼하며 주로 생선요리와 함께 마신다. 알코올 농도는 10~13%이고, 맛은 5~10℃ 정도가 적당하여 반드시 차게 해서 마신다. 당분의 함량이 적어서 숙성기간이 짧고, 타닌성분이 적어 장시간 보관이 어렵다.

③ 로제 와인 Rose Wine

레드 와인과 화이트 와인의 중간색 정도인 연한 붉은색을 띠며, 레드 와인과 화이트 와인을 절반씩 혼합하거나 흑포도를 껍질과 함께 즙을 짜는 과정에서 원하는 색에 이르렀을 때 껍질을 제거한 채 과즙만을 가지고 와인을 만든다. 보존기간이 짧고 오래 숙성시키지 않으므로 차게 해서 마시는 것이 좋다.

식사 용도에 따른 분류

① 애피타이저 와인

식사 전 식욕을 돋우기 위해 마시는 와인으로 산미와 향이 강하며 샴페인이나 셰리를 마신다.

② 테이블 와인

일반적으로 와인이라고 하면 테이블 와인을 가리키는데 음식을 더 맛있게 하고 입안을 헹궈주는 역할을 한다. 주로 레드 와인이 사용된다.

③ 디저트 와인

식사 후에 마시는 와인으로 입을 개운하게 한다. 포트나 셰리가 대표적이며 아이스바인을 마시기도 한다.

당분에 따른 분류

① 드라이 와인 Dry Wine

포도즙을 발효시킬 때 포도 속의 천연 포도당이 모두 발효되어 단맛이 거의 없는 와인으로 주로 식사 중에 음식과 함께 마신다.

② 스위트 와인 Sweet Wine

드라이 와인과는 반대로 천연 포도당이 남아 단맛을 내는 와인으로 주로 식사 후 디저트와 함께 마신다.

③ 미디엄 드라이 와인 Medium Dry Wine

드라이 와인과 스위트 와인의 중간 정도 와인이다.

3. 와인 글라스

와인잔의 구조

와인 글라스는 와인의 향이 잘 모아지도록 튤립꽃 모양으로 오므라진 것이 대부분이다. 또 체온이 와인에 전달되는 것을 막기 위해 손잡이인 스

템(Stem)이 길게 만들어져서 와인을 마실 때는 이 부분을 잡는다. 와인을 와인 글라스에 따르면 온도가 1~3℃ 정도 상승하므로 와인 글라스는 얇을수록 좋다.

와인잔의 종류

보르도 레드 와인잔

와인의 향기를 느끼도록 화이트 와인잔보다 큼

부르고뉴 레드 와인잔

볼 부분이 불룩하고 윗부분이 오목한 형태로 와인의 향을 더욱 풍부하게 느낄 수 있도록 함

화이트 와인잔

화이트 와인의 차게 마시는 특성 때문에 온도가 올라가지 않도록 레드 와인잔보다 작음

스파클링 와인잔

기다란 튤립형태 입구는 좁고 밑바닥이 뾰족해야 끊임없이 솟아오르는 기포를 감상하면서 음미할 수 있음

4. 와인 따르는 법

- 호스트 테이스팅(접대하거나 돈을 지불하는 사람이 와인이 상했는지 미리 맛을 보는 것)한 후 OK사인을 하면 소믈리에가 차례로 와인을 따라준다.
- 와인은 잔을 바닥에 놓고, 잔의 받침 부분을 손가락 사이로 살짝 잡고 받는다.
- 와인을 따를 때는 반드시 사람의 오른편에서 따라야 하며, 여성의 글라스부터 따른 후 남성에게 따라야 한다.
- 와인은 대개 글라스의 1/3 정도만 따른다. 공간을 남기는 것은 공기의 향이 머물러서 그 맛이 더 깊어지고, 마실 때 와인의 향도 즐길 수 있기 때문이다.

5. 와인 마시는 법

- 와인을 마실 때는 와인잔의 밑부분을 잡고 가볍게 흔든 다음 마시기 전에 와인의 색을 감상하면서 코에 잔을 가까이 대고 향을 음미한다.
- 소량의 한 모금을 마신 후에는 와인을 입안에 굴려 깊은 맛을 느낀 다음 천천히 넘긴다.
- 음식을 씹으면서 와인을 마시면 안 된다. 왜냐하면 음식을 입안에 넣은 채 와인을 마시면 와인 특유의 섬세한 맛을 느낄 수 없을 뿐만 아니라 글라스에 지저분한 것이 묻을 수 있기 때문이다. 특히 여성들은 립스틱이 잔에 묻지 않도록 조심하고, 만에 하나 묻게 되면 엄지손가락으로 조용히 닦아내야 한다.
- 화이트 와인은 대개 첨잔하지 않는다. 그 이유는 화이트 와인은 차게 해서 마시는 술이기 때문이다. 그러나 레드 와인은 계속 첨잔하여도 좋다.
- 기본적으로 가벼운 와인에서 무거운 와인으로, 저급의 와인에서 고급의 와인으로, 단순한 맛과 향을 가진 와인에서 복잡하고 다양한 맛을 가진 와인으로, 단맛이 없는 드라이 와인에서 단맛의 와인 순으로 마시는 것이 좋다.

TIP! 상식 더하기

여성 우선주의 원칙

여성 우선주의 관습은 원래 힘이 세고 강인함을 자랑하던 남성들의 여성 보호 의식에서 비롯된 문화로 오늘날 국제사회에서 교양인의 가장 기본적인 매너가 되고 있다.

신사가 숙녀에게 지켜야 할 레이디 퍼스트의 내용

- 숙녀를 위해 문을 열어줌
- 숙녀가 자리에서 일어설 때는 같이 일어서야 함
- 숙녀가 엘리베이터를 탔을 때는 모자를 벗어야 함
- 숙녀가 자리에 편하게 앉도록 의자를 당겨주고 밀어줌
- 숙녀와 같이 식사할 때는 음식을 함께 주문해 주어야 함
- 숙녀에게 식사 후 팁을 지불하게 하지 않음
- 숙녀가 먼저 앞서서 걸어갈 수 있도록 배려해야 함(계단의 경우 제외)

레이디 퍼스트 대접을 받으면

- 미소를 짓고 Thank you(감사합니다)라고 말하면서 가볍게 목례를 한다.
- 부담없이 호의를 받아들이는 것이 좋다.

제 12 장 글로벌 매너와 에티켓

1. 미국과 유럽국가의 비즈니스 매너와 에티켓

미국

① 비즈니스 매너

- 미국에서는 다른 나라들의 경우보다 격의 없이 이름을 부르는 것이 흔하기 때문에 자신과 나이가 같거나 어린 사람에게는 처음부터 이름을 부르는 것이 상식에 어긋나지 않는다.
- 미국은 다양한 인종과 종교 국가이므로 사람의 피부색, 종교, 출신, 사회적 신분 등에 기준하여 차별하고 비판하는 모습은 절대 삼가야 한다.
- 대화할 때 상대방의 눈동자를 똑바로 쳐다보면서 말한다.

② 식사 매너

- 미국인들은 일반적으로 자기 집에 초대하는 것을 좋아하며 상대방이 초대에 응하면 기뻐한다.
- 파티나 식사에 초대받았을 경우 그날 행사의 성격을 물어보고 격식

에 맞는 의상을 준비한다.

- 식사비용은 일반적으로 초대한 쪽에서 부담한다. 미국에는 팁문화가 발달되어 있는데 보통 음식 값의 15~20%를 내는 것이 일반적이다.
- 상대방의 음식에 손을 대거나 자신의 음식을 상대방의 그릇에 옮기는 것은 예의에 어긋나므로 주의한다.
- 식사할 때 소리 내면서 먹는 것은 실례이다. 미국 사람들뿐만 아니라 서양 사람들도 식사 중에 소리 내면서 먹는 것을 결코 좋게 생각하지 않는다.

영국

① 비즈니스 매너

- 영국의 교통은 사람 위주로 되어 있어서 고속도로 외에는 모든 차가 다니는 길에 보행자를 위한 신호등이 없어도 차가 오지 않으면 언제든 길을 건너도 상관없다.
- 어디서든지 문을 열고 건물에 들어가거나 혹은 나올 때 항상 뒤에 사람이 오는지 확인하고 사람이 있으면 문을 잡아주어야 한다. 한국 사람들은 보통 뒤도 돌아보지 않고 문을 놓는데 이는 영국에서는 가장 불친절한 행동 중 하나로 꼽힌다. 영국에서 어떤 사람이 당신의 문을 잡아주면 항상 Thank you라고 말해야 한다.
- 에스컬레이터를 탈 때 왼쪽은 급히 가야 할 사람이 이용하므로 반드시 오른쪽에 선다.
- 영국인들은 제3자를 통해 소개받는 것을 좋아하나 불가피한 경우 스스로 소개하는 것이 좋다.
- 보통 남성끼리는 악수를 하며 여성과는 주로 유럽식(뺨을 대는 인사)이나 가벼운 악수를 한다.

② 식사 매너

- 상대방을 초대할 때 비슷한 환경과 직급의 사람을 초대하며 초대받은 사람이 언급하지 않는 한 식사자리에서 사업과 관련된 이야기는 자제한다.
- 참석자 모두가 음식을 제공받기 전까지 먼저 식사를 하지 않도록 주의한다.
- 입을 벌린 채 음식을 씹거나 팔꿈치를 테이블 위에 올려놓는 것은 무례한 행동이므로 주의한다.

프랑스

① 비즈니스 매너

- 프랑스에서는 비즈니스상 가급적 문서로 정보를 교환하려 하고 직접 만나는 것은 꼭 필요한 경우에만 하려고 한다. 약속을 매우 중요시하기 때문에 회의 및 상담 약속은 반드시 사전에 잡아서 지켜야 한다.
- 프랑스에서는 바이어와의 첫 만남이나 계약서 작성 시에는 반드시 정장을 착용하는 것이 예의이다.
- 공식적인 만남에서는 남녀를 불문하고 일반적으로 악수를 한다. 악수는 간결하고 확신에 찬 모습을 보여주는 것이 중요하다.

② 식사 매너

- 프랑스인들은 아침과 점심은 가볍고 간단하게 저녁은 성대하게 먹는다. 식사시간을 약 3~4시간 정도로 길고 여유있게 가지며 상대방의 속도에 맞추어 천천히 식사를 해야 한다.
- 프랑스인들은 식사 중에 재밌는 이야기를 나누는 것을 중요하게 생각하기 때문에 너무 이야기를 하지 않으면 실례가 되므로 대화에 적극적으로 참여한다.

- 빵은 칼로 자르거나 입으로 뜯어먹어서도 안 된다. 손으로 떼어서 먹고, 음식을 남김없이 먹는 것이 예의이다.
- 와인을 다 마신 뒤 빈 잔에 직접 따라 마시는 것을 삼가야 하며 그만 마시고 싶을 때는 와인이 반 정도 채워진 잔을 그대로 두면 된다.
- 식사 중에 소리를 내면 안 되며, 트림을 해서도 안 된다.
- 식사 도중 두 팔은 항상 식탁에 올라와 있어야 한다.

독일

① 비즈니스 매너

- 독일은 '자동차의 나라'라고 불릴 만큼 교통질서 준수 및 운전 매너가 좋은 나라다.
- '사람이 항상 우선'인 독일은 신호등이 없는 횡단보도에서는 무조건 사람에게 양보하고 대중교통(버스, 전철, 트램)은 도심 주행에서 최우선이므로 승용차는 함부로 추월해서 주행할 수 없다.
- 독일인은 법이나 규칙, 시간 약속 등을 매우 중요시하기 때문에 협의된 사항에 대해 번복하지 않고 회의 및 상담 약속도 정확히 지켜야 한다.
- 독일인들은 신체적 접촉을 꺼리는 편이니 악수 외에 접촉은 자제해야 한다.
- 독일인들은 개인 신상에 관한 질문에 정색을 하며 대화 중 뒷짐을 지고 얘기하거나 주머니에 손을 넣는 것은 무례하다고 생각한다.

② 식사 매너

- 비즈니스로 식사할 경우 주최자에게 와인부터 식사메뉴, 대화주제 등에 대한 모든 결정권을 주는 것이 바람직하다.
- 술이나 물을 따를 때 잔이 닿지 않도록 주의하며 음식이나 술을 권할

때도 'NO'라는 대답을 들었다면 더 이상 강요하면 안 된다.

- 독인인들은 식사 중에 가벼운 주제에 관해 대화를 나누며 식사하는 것에 익숙하나 지나치게 개인적인 사생활에 관련된 질문을 하는 것은 금물이다.

2. 아시아 및 대양주 비즈니스 매너와 에티켓

일본

① 비즈니스 매너

- 일본은 타인에 대한 매너가 삭별하다.
- 일본은 비즈니스에 있어 약속을 지키는 것이 철칙이다. 면담 시간을 비롯해 납기, 자료 제출 기한 등을 지키는 것은 일본 기업과 신뢰관계를 만드는 중요한 원칙이다.
- 명함 교환은 신뢰관계를 구축함에 있어서 중요한 의미를 가지므로 늘 충분히 가지고 다녀야 한다.
- 대중교통 이용 시 절대 이야기를 하지 않으며 음식물이나 음료수를 먹으며 타인에게 불쾌감을 주는 행동은 상당한 민폐라고 생각한다.

② 식사 매너

- 식사를 할 때 '잘 먹겠습니다'라는 인사를 하고 먹는다.
- 일반적으로 제공되는 음식에는 반드시 젓가락을 대는 것이 그 요리를 만든 사람에 대한 예절이며, 호의에 답하는 것이라 생각하므로 음식에 젓가락을 전혀 대지 않으면 실례를 범하는 것이다.
- 식사하는 동안 자세를 바르게 하며 먹는 소리가 나지 않도록 주의해야 한다.
- 밥이나 국을 받으면 밥은 왼쪽에 국은 오른쪽에 놓았다가 들고 먹으

며, 그릇을 받을 때는 반드시 두 손을 사용한다.

- 밥 먹을 때 반찬을 밥 위에 얹어 먹어서는 안 되고, 더 먹고 싶다면 밥공기에 한 술 정도의 밥이 남은 상태에서 청한다.
- 국은 그릇을 들고, 한 모금 마신 후 건더기를 한 젓가락 건져서 먹는다. 여러 번 들고 마시며 밥그릇에 국물을 부어서는 안 된다.
- 식사 시에는 젓가락으로 음식을 찍어 먹으면 안 된다.
- 젓가락으로 이리저리 음식을 뒤적거리지 않는다. 젓가락을 입안에 넣고 빨거나 밥그릇이나 국그릇 위에 걸쳐놓지 않는다.
- 사람이 죽어서 화장을 하면 남은 뼈를 젓가락으로 집어넣는 풍속이 있어서 일본사람들은 누가 젓가락으로 음식 집어주는 것을 싫어한다.
- 생선회는 겨자를 생선 위에 얹은 뒤 간장에 찍어 생선 맛과 겨자의 향을 즐긴다. 겨자의 향이 날아가므로 겨자를 풀어서 먹지 않는다.

중국

① 비즈니스 매너

- 중국인들은 복장에 있어 브랜드를 매우 중시하는 편이고 정장을 입더라도 노타이 차림이 많다.
- 구정, 국경절, 노동절은 장기 연휴기간으로 비즈니스 방문시기로 적절치 않다.
- 원단, 청명, 단오, 5.1노동절, 추석 등 국가 법정공휴일에도 중국에서는 연속 3일 연휴제를 실시하고 있으므로 비즈니스 방문이 적합하지 않다.

② 식사 매너

- 원탁에 주빈이나 주빈 내외가 앉고, 주인이나 주인 내외가 마주앉는다.

- 점심식사는 일품요리만 주문해서 간단히 먹어도 좋지만, 저녁식사는 코스로 주문하는 것이 예의이다. 메뉴는 인원수와 요리를 같은 수로 주문한다.
- 중국요리는 각자가 덜어서 먹기 때문에 다른 사람의 음식까지 서비스해 줄 필요는 없다. 처음부터 너무 많이 덜면 금세 배가 불러 이후에 나오는 음식을 먹을 수 없으므로 적당량을 덜도록 한다.
- 회전 식탁은 시계방향으로 돌리는 것이 원칙이다.
- 식사 중에 젓가락을 사용하지 않을 때는 접시 끝에 걸쳐놓고, 식사가 끝나면 받침대에 처음처럼 올려놓는다.
- 그릇을 깨끗이 비우는 것은 음식이 모자란다는 의미이다. 잘 먹었다는 의미로 음식을 조금 남기는 것이 주인에 대한 예의이다.
- 중국에서는 비즈니스 모임에 술이 빠지지 않는데, 술을 마실 때 한 사람씩 돌아가며 술을 권하고 필요한 경우 건배를 위해 자리를 자주 이동하기도 한다. 술잔을 돌리는 관습은 없으니 주의해야 한다.

인도

① 비즈니스 매너

- 인도인들은 시간 엄수를 중요하게 생각하지만 스스로 잘 실천하지 않는 점에 유의하여 약속이 바뀔 가능성이 있다는 것을 염두에 두어야 한다.
- 수많은 종교적 공휴일에는 비즈니스가 이루어지지 않으므로 지역별로 다른 공휴일들을 사전에 미리 확인해야 한다.
- 인도인들은 대화 도중에 양옆으로 고개를 흔들거나 8자형으로 빠르게 고개를 움직이기도 하는데 이는 “당신의 말을 이해한다”라는 뜻으로 보면 된다.

② 식사 매너

- 인도 문화는 손님 접대를 중요시하며 집으로 초대하는 경우도 많다.
- 식사 미팅을 할 때는 상대가 채식주의자인지 여부를 확인하는 것이 좋다.
- 가장 보편적으로 먹는 것은 닭고기와 양고기이며 돼지고기는 더러운 것으로 생각하여 잘 먹지 않고 소는 신성하다고 여겨 쇠고기는 먹지 않는다.
- 독실한 무슬림의 경우 엄격하게 금주하며, 대다수 힌두교인들도 금주를 생활화하므로 음주를 여러 번 권하는 행위는 삼가야 한다.
- 식사할 때 왼손은 오염된 손으로 생각하기 때문에 반드시 오른손을 사용해서 밥을 먹는다.

호주

① 비즈니스 매너

- 보수적인 신사도가 배어 있고 비즈니스에서 신용을 중시한다.
- 호주는 개인주의 사회이고 비즈니스에서도 개인주의 원칙은 철저하게 지켜진다.
- 면담이나 협상은 반드시 2주 이전에 잡고 주중 저녁시간, 금요일 오후, 주말 등은 피해야 한다.
- 호주인들은 '접대문화'라는 개념이 없으므로 상대방이 먼저 권하지 않으면 기대하지 않는 것이 좋다.
- 버스 이용 시 앞좌석은 노약자와 장애인 좌석으로 비워 놓는다.
- 모든 공공건물은 금연이며 흡연구역이라 하더라도 반드시 옆사람의 양해를 구해야 한다.

② 식사 매너

- 호주인들은 주로 한번에 주기 때문에 더 먹고 싶다면 처음 줄 때 사양하지 말아야 한다.
- 식사할 때 팔꿈치는 식탁에 대지 않고 손은 식탁 위에 둔다.
- 포크와 나이프를 접시 한쪽에 손잡이를 오른쪽으로 향하여 나란히 두면 식사가 끝났다는 의미이다.

3. 국가별 선물 에티켓

일본

- 일본 비즈니스 문화에서 선물을 주고받는 것은 중요한 풍습이다.
- 일본인들은 선물받을 때 풍습상 2번가량 사양하는 의사를 표하는 경우도 있는데 선물받을 의지가 정말로 없다는 뜻은 아닌 경우가 많다.
- 일본에서는 쌍으로 이루어진 것은 행운을 가져다준다고 생각하므로 선물할 때 세트를 준비한다.
- 일본인은 숫자 4와 9를 싫어하므로 선물할 때 4개를 피하고 흰색은 죽음을 의미하므로 흰 종이로 포장하지 않는다.
- 선물을 받았을 때 손님 앞에서 개봉하지 않으며 손님이 돌아갈 때까지 손을 대지 않는 것이 일반적이다.
- 선물을 받으면 신세진 것으로 생각하여 가까운 시일 안에 이에 대한 정중한 인사 내지는 이에 대한 보답으로 선물을 한다.
- 손수건은 일본말로 '테레기'라고 하는데, 테레기는 '절연'을 의미하는 말을 연상케 하므로 선물로 적절하지 않다.
- 양말, 구두 등은 '짓밟는다'는 의미가 있으니 윗사람에게는 선물하지 않는다.

중국

- 중국인들은 '기백희홍(忌白喜紅, 흰색을 기피하고 붉은색을 좋아한다)'이라 하여 문상 시에는 흰 봉투에 조의금을 전달하고 혼인, 잔치 등 기쁜 일에는 붉은 봉투(홍바오)에 축의금을 전달한다.
- 초록색은 조롱의 의미가 있고 손수건은 눈물과 슬픔을 상징하므로 피한다.
- 중화권에서는 중국어 발음의 유사성으로 인하여 시계, 우산 등 금기 선물에 주의해야 한다.
- 장례식을 연상케 하는 국화꽃이나 수건 또한 조문 온 손님에게 주는 선물이므로 주의해야 한다.
- 중화권에서는 순조롭게 흘러간다는 流(류)와 발음이 같은 6(六, 류)과 돈을 번다는 뜻의 파와 발음이 유사한 8(八, 바)이 가장 길한 숫자이며 특히 돈과 관련된 숫자 8을 좋아한다.
- 숫자 3(三, 산)은 중국어의 발음 '흩어지다, 분산되다'라는 뜻의 散(산)과 발음이 같아 기피하고, 숫자 4 또한 한국 · 일본과 마찬가지로 4(四, 쓰)의 발음이 죽을 사(四, 쓰)와 같기 때문에 가장 기피하는 숫자이다.
- 기본적으로 홀수는 피하고 짝수로 맞추려는 경향이 강하여 축의금이나 꽃을 전달할 때도 짝수로 맞춰야 한다.
- 선물을 전할 때 거절하더라도 2~3번 거듭해서 권하는 것이 관습이다.
- 국화는 우리나라처럼 장례식에 쓰이는 꽃이므로 선물리스트로 피한다.

미국

- 백합은 장례식 때 사용하는 꽃이기 때문에 선물하면 큰 실례가 된다.

- 비즈니스 관계에서 고가의 선물이나 현금을 주지 않지만 의미 있는 작은 선물은 첫 대면에서 친밀함을 가질 수 있는 좋은 도구가 될 수 있다.
- 아시아 국가에서는 선물을 받았을 때 예의상 한두 번은 거절하는 문화가 있으나 미국에서는 이런 행동을 불쾌하게 여길 수 있으므로 유의해야 한다.
- 미국에서는 선물을 받으면 그 자리에서 포장을 열어본다.

영국

- 영국에서는 비싼 선물이 아니더라도 작은 선물에 감동하는 경우가 많다. 초대를 받았을 경우 와인, 꽃, 초콜릿 등을 선물한다.
- 흰 백합꽃은 죽음을 상징하니 선물하면 안 된다.
- 차(tea)문화가 발달한 나라로 전통차를 선물해도 좋다.
- 영국인 등 서양인들은 식사 중 코 푸는 것은 생리적 현상이라 괜찮다고 생각한다.

프랑스

- 프랑스에서는 비즈니스와 관련하여 일반적으로 선물을 주지 않는 것이 관례이나 부담 없는 선물을 하는 것은 괜찮다.
- 프랑스에서 카네이션은 장례식에 많이 사용하는 꽃이므로 선물용으로 적합하지 않다. 붉은 장미는 '구애'를 의미하니 아무에게나 선물하면 안 된다.
- 프랑스인에게 와인 선물은 좋지 않다(우리나라에서 소주를 선물한 것과 동일).

독일

- 독일에서는 비즈니스와 관련해 선물을 주고받는 것이 보편화돼 있지 않으나 부담 없는 선물을 준비하는 것도 나쁘지 않다. 단, 비싼 선물은 뇌물로 취급하기 때문에 피해야 한다.
- 선물은 가급적 사람들이 보는 앞에서 푸는 것이 예의이다.
- 꽃을 선물할 때는 포장을 하지 않고 홀수로 하되 13송이를 선물하는 것은 삼간다. 특히 빨간 장미는 구애를 뜻하므로 주의해야 한다.

인도

- 선물을 받자마자 열어보는 것은 예의가 아니다.
- 선물포장은 흰색, 검은색은 피하고 녹색, 빨간색, 노란색을 쓰는 것이 좋다.
- 인도에서는 소를 신성하게 여기는 힌두교인들이 많아 소가죽으로 만든 지갑이나 가방, 구두 등은 절대 선물해서는 안 된다.
- 초대받았을 경우 초콜릿, 꽃 등의 작은 선물을 준비하거나 술을 마시는 사람에게는 수입 위스키도 좋은 선물이 될 수 있다.
- 재스민은 장례식장에서 사용되는 꽃이므로 결혼이나 축하하는 자리에 선물하지 않는다.

호주

- 선물은 받은 자리에서 열어보는 것이 예의이다.

일반적으로 가벼운 선물 등을 주고받는 경우가 많으며 실용적인 품목들이 인기가 많다.

PART 2

비즈니스 커뮤니케이션

제 1 장 커뮤니케이션의 이해와 활용

1. 커뮤니케이션의 이해

커뮤니케이션(communication)은 '공통되는(common)', 혹은 '공유한다(share)'라는 뜻의 라틴어 'communis'(파생 단어 가운데에는 '공동체'를 의미하는 'community'가 있다)에서 유래한다. 즉, 커뮤니케이션의 기본은 '상대방과 무언가를 나눈다'라는 뜻이다. 사회생활, 대인관계, 비즈니스 등에서 '잘 나누기' 위해서는 똑똑한 커뮤니케이션 '전략'이 필요하다.

살아가면서 우리는 언어를 사용하고, 언어를 통해 감정을 표현하며 지식을 전달한다. 더 나아가 상대를 설득해서 행동을 변화시킬 수도 있다. 언어는 사회 구성원의 약속에 의해 만들어진 기호체계다. 누가 어떻게 사용하는가에 따라 그 의미는 달라질 수 있다. 또한 받아들이는 사람에 따라서도 그 의미는 달라질 수 있다. 때문에 비즈니스에서 커뮤니케이션 능력이 더욱 요구되는 것이다. 언어 자체가 불완전하기 때문일 수도 있고, 분위기나 상황과 심리상태 혹은 커뮤니케이션 능력 등의 이유로 말하는 사람의 의도와는 다르게 의사소통이 잘 안 되는 경우가 흔치 않게 발생하기도 한다.

커뮤니케이션의 본질적 의미는 한마디로 '상호 간의 의사소통'을 말한다. 여기서 상호는 자신이 아닌 타인을 뜻한다. 야속하게도 어떤 상황이나 대상에 대해 완벽하게 일치하는 인식이나 견해를 갖는 것이 불가능하다. 사람과 사람이 모인 자리에서 같은 상황을 놓고도 충분히 다르게 해석될 수도 있기 때문이다.

각자의 다른 경험, 지식, 의식, 관념 등은 같은 대상이라 해도 모두 다르게 인식되고 이해되는 것이 비즈니스에 있어서 걸림돌이 되기도 한다. 특히나 커뮤니케이션에 주로 사용되는 음성 언어는 발화 즉시 소멸되는(휘발성) 성격을 갖고 있어서 시간의 흐름에 따라 발화되는 만큼 문자(글)와 달리 수정, 변경이 불가능하다. 다시 말해서 화자가 내뱉은 말은 취소할 수 없으며, 청자 또한 한번 들은 내용은 되돌려 확인하기 어렵다. 결국 커뮤니케이션의 본질은 대상에 대한 인식과 견해 차이, 정보의 불균형 등을 해결하는 과정인 것이다.

2. 커뮤니케이션의 요소

송신자와 수신자

커뮤니케이션의 가장 기본적인 형태는 송신자와 수신자, 즉 2인의 송수신자(sender-receivers)이다. 사람과 사람 사이에서 일어나는 모든 것들을 전달하고자 할 때 신호의 의미를 상대방이 알아차리면 커뮤니케이션은 성립된다. 하지만 항상 완벽하게 전달되지는 않는다. 이해가 아닌 오해를 발생시키는 경우도 있다. 그만큼 커뮤니케이션 오류를 줄이기 위해서는 다양한 노력이 필요하다. 커뮤니케이션의 주체는 '나'이지만, 상대방의 관여가 없다면 무의미해진다.

메시지

메시지란(messages) '상대방을 이해시키려는 의도에서 만들어내는 신호'다. 메시지의 종류는 다양하다. 꼭 언어만을 통해서 이루어지지는 않는다. 손짓이나 발짓, 얼굴 표정 등 비언어로 메시지를 만들어 전달하고 또 그것을 이해하게 된다. 더불어 그림을 그린다거나 문자 혹은 상징 등도 대체가능한 커뮤니케이션 수단이 될 수 있다.

채널

채널(channels)은 메시지의 통로다. 송신자와 수신자에게 메시지를 도달하게 하는 방법으로 면대면(face-to-face) 커뮤니케이션 상황에서는 음성과 시각이 주요한 채널이 된다. 비즈니스에 있어서 채널은 다양한 매체를 통해 선택된다. 시대의 흐름이 반영된 SNS가 대표적인 예가 될 수 있겠다.

피드백

피드백(feedback)이란 송수신자가 서로에게 반응하는 것으로 상대방이 자신의 의견이나 감정을 공유하고 있다고 느끼게 만드는 확실한 단서로 작용된다. 피드백을 잘 하는 사람은 비즈니스에 있어서 유리하다.

잡음

잡음(noise)은 메시지를 정확하게 이해하는 데 방해가 되는 것으로, 물리적 · 심리적 · 의미적 잡음으로 나눌 수 있다.

- 물리적 잡음 : 외부 환경에서 물리적으로 발생하는 잡음(예: 시끄러

운 카페에서의 미팅 등)

- 심리적 잡음 : 송수신자의 마음속에 일어나는 잡념(고객사 미팅 시 결재 보류의 상황 등)
- 의미적 잡음 : 어떤 특정한 단어에 대한 감정적 대응과 전달되는 메시지의 의미를 전혀 몰라서 커뮤니케이션 자체가 이루어질 수 없는 경우(이해 안 되는 외국어, 공감대 형성이 이루어지지 않는 미팅 상황 등)

세팅

세팅(setting)은 커뮤니케이션이 이루어지는 공간으로 커뮤니케이션에 지대한 영향을 주기도 한다. 대상이 누구인지, 어떤 커뮤니케이션을 하는지 등에 따라서 공간 선택은 신중하게 이루어져야 한다.

3. 거리 공간에 따른 커뮤니케이션

대인관계에서 커뮤니케이션은 필수적이다. 대인관계의 출발과 유지에 커뮤니케이션만큼 중요한 것도 없다. 대인 간 만남의 첫 단계는 형식적이고 의례적인 커뮤니케이션이지만 이것이 호감으로 이어질 경우 관계 진전이 일어난다. 커뮤니케이션은 대인 간 친밀도에 커다란 영향을 미친다.

노스웨스턴대학의 인류학 교수 에드워드 홀(Edward T. Hall) 박사는 사람들이 자기 주위 공간에 대한 반응과 그 공간을 어떻게 이용하고 있는지에 대한 연구를 했다.

관계에 있어서 친밀도와 상대방과의 공간적 거리는 비례하여 자신과 친하면 상대방과의 거리가 짧아지고 반대로 덜 친하면 상대방과의 거리가 멀어진다는 흥미로운 연구 결과다. 또한 그는 상대방과의 거리 공간과 대인관계의 친밀관계를 4가지로 분류했다.

상대방과의 거리 공간(Body Zone) 분류

종류	거리 길이	특징
1. 근접 공간 intimate distance	40~50cm	상대방의 표정, 냄새 등 감각 자극과 신체접촉이 가능한 거리로 사랑하는 연인 사이나 친구 사이, 부모와 자식 사이 등에 해당
2. 개인 공간 personal distance	50~120cm	상대방과 닿을 수 있는 거리지만 체취까지는 느껴지지 않는 거리로 대화를 나누기에 충분히 가까운 거리. 특정한 프라이버시를 허용
3. 사회 공간 social distance	1~3.6m	큰 소리를 내야만 상대방이 들을 수 있는 거리로 1~2m로 일반적 업무를 처리하는 거리. 2~3m 사이는 보다 형식적인 사회적 · 사업적 관계에 이용되는 거리의 비즈니스 공간
4. 공공 공간 public distance	3.6m 이상	대중연설, 강연장, 교실 같은 공간의 거리로 8m 이상의 공공거리는 정치가들 사이나 인간과 동물 간의 접촉에서 안전요소 역할을 하는 거리

4. 커뮤니케이션 유형별 자리배치

좋은 관계, 원활한 커뮤니케이션을 이루기 위해서는 만나고 있는 상대의 수준에 맞는 어휘와 언어를 사용하는 능력이 아주 중요하다. 그러나 이보다 더 중요한 것은 갈등을 최소화하는 환경적 요소와 진심이 담긴 대화의 본질일 것이다. 스피치 기술로만으로는 상대방의 마음을 사로잡을 수도 없고 건강한 관계로 오래 유지되기는 어렵다. 상대방과 함께 나눌 수 있는 공통의 화젯거리를 발견하고 상대방의 감정이나 상황 등에 맞춰 진정성 있게 대화를 이어나가는 것이 중요하겠다. 더불어 상황에 따라서 자리 배치를 달리하면 보다 유리한 결과를 얻을 수도 있다.

- **타협형**

  테이블의 코너를 끼고 90도로 앉는 스타일로 사소한 부탁이나 타협을 하는 데 이용하면 좋다.

- **협력형**

  나란히 붙어 앉는 협력형의 경우는 시선을 부딪히지 않고 말을 할 수 있어서 약간 무리한 의뢰도 꺼리지 않고 할 수 있다.

- **설득형**

  테이블을 보고 마주앉는 설득형은 시선을 마주치기 쉬워 격식을 차린 긴장감 있는 분위기나 토론을 하고 싶거나 상대를 설득하고 싶을 때 활용하면 좋은 포지션이다.

- **압박형**

  테이블을 보고 대각선으로 앉는 형태로 상대방과의 대립을 피하고자 할 때나 완강한 거부의 자세를 나타낼 때 효과적이다.

- **부각형**

  상사가 테이블 중앙에 앉아 있고 본인이 반대쪽에 비스듬히 이어지는 곳에 앉아 있는 부각형은 회의 좌석에서 자신의 존재를 인식시킬 수 있는 좋은 포지션이다.

1. 타협형

2. 협력형

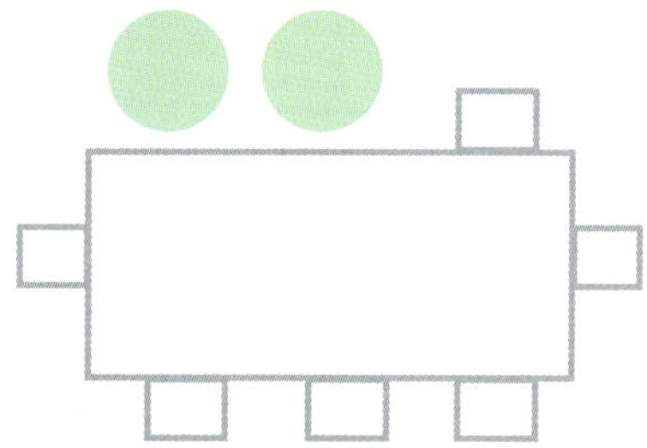

3. 설득형

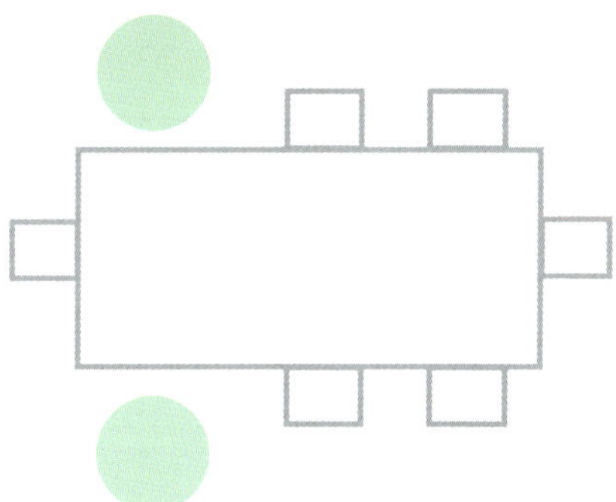

4. 압박형

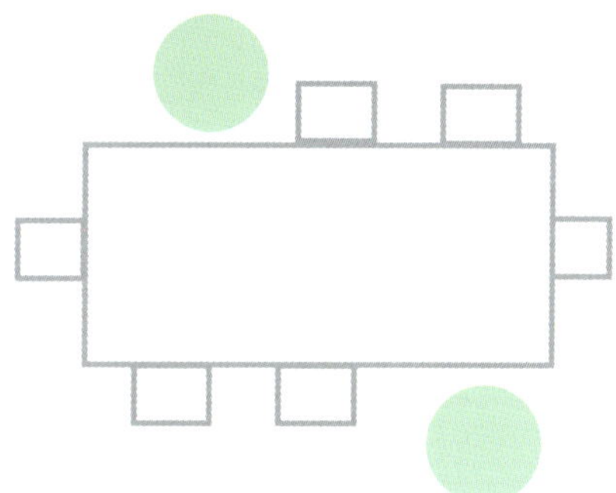

5. 부각형

5. 대화의 기술

대화의 기본 매너

인간은 사회적 동물로서 모든 관계는 대화로 이루어진다 해도 과언이 아닐 것이다. 말은 업무상 메시지 전달도 해주지만 말을 주고받는 사람들 간의 마음과 마음을 연결해 주는 다리 역할을 해주기도 한다. 따라서 대화의 내용도 중요하지만 대화를 어떻게 풀어 나가느냐도 매우 중요하다.

말은 곧 그 사람의 인격이며 사회성의 척도가 될 수 있다.

[대화 매너 수준 셀프 체크]

*아래 문항 중 몇 개가 해당되는지 체크해 보자.

No	문항	체크
1	무슨 말을 할지 먼저 생각을 한 뒤 사람을 만나고 대화 시 상대방의 감정을 공유하려 노력한다.	
2	나의 말을 많이 하기보다는 상대방의 말을 잘 들어준다.	
3	진정성이 느껴지며 표정이 다양하다.	
4	서두를 힘있게 시작하고 전반적으로 호소력이 있다.	
5	사례, 증거 등을 많이 들어 말을 한다.	
6	시각적으로 묘사하며 말에 생동감이 있다.	
7	쉬운 단어, 짧은 문장을 구사하며 구어체를 많이 쓴다.	
8	상대방과 눈맞춤을 하며 대화를 한다.	

⊙결과

7~8개 : 대화 매너 매우 좋음

6~5개 : 양호

4개 : 보통

3개 이하 : 미흡. 노력 필요

대화의 기술, 플러스 화법

대화 매너가 좋은 것을 넘어 상대방의 눈과 귀는 물론 마음까지 사로잡는 사람이 되고 싶다면, 말하는 요령을 몇 가지 익혀두면 도움이 된다.

① 라포(rapport)

두 사람 이상의 관계에서 발생하는 조화로운 일치감, 공감적 상호 반응 상태를 나타내는 말로 쉽게 말해 대화 시 서로의 친밀관계를 위해 두 사람 간의 심리적 공감대를 형성할 수 있는 주제로 대화를 이끌어 나가면 친밀감에 도움이 될 수 있다. 그러기 위해서는 상대방에 대한 분석이 중요하다. 상대방의 관심사나 좋아하는 것들을 알고 대화를 시도하면 효과적일 것이다.

② 페이싱(Pacing)

상대방과 목소리 톤을 맞추거나 얼굴 표정을 매치시켜 친밀감을 조성하는 것을 말한다. 마주하고 있는 상대와 더 가까워지고 싶다면 상대방의 목소리와 표정을 비슷하게 하는 것도 도움이 된다. 다만 너무 똑같이 자주 하면 오히려 반감을 살 수 있다.

③ 백트래킹(backtracking)

대화를 나눌 때 상대방의 말 속에서 몇 가지 단어나 핵심어 등을 뽑아서 요약하고 맞장구쳐주는 말하기 방법이다. 일종의 추임새라고 보면 되는데 이때 영혼 없는 맞장구는 오히려 관계를 그르치게 한다. 적당히 상대방의 말을 백트래킹하면서 추가 질문을 해주면 더욱 효과적이다. 공감을 전달하는 매우 훌륭한 방법이 될 수 있다.

예) A : 이번 주 내내 프로젝트 때문에 잠을 못 자고 있어요.

B : 이번 주 내내 잠을 못 잔 거예요? 완전 피곤하겠네요.

A : 네, 정말 피곤해요.

B : 아이고 피곤해서 어떡해요? 그런데 그 프로젝트는 언제면 마무리되나요?

④ **미러링**

거울 반사로 상대방의 행동을 비슷하게 따라하는 것. 호감이 있다는 것을 어필할 수 있다.

⑤ **숫자 활용 화법**

말의 내용에 숫자가 있고 없고에 따라 받아들이는 반응과 태도가 달라지는데 적절히 숫자를 언급하면 신뢰도가 높아지는 화법이다.

예) 약 30%가량 증가했다.

평균 75%로, 오차범위 0.5 안팎입니다.

⑥ **정보 가치부여 효과 화법**

말의 내용에 신뢰도가 높은 출처나 객관적 데이터를 기반으로 대화를 이끌어가면 상대방의 YES를 얻어낼 확률이 높아지는 화법이다. 특히 자존심이 높은 사람일수록 정보의 출처에 가치를 부여하면 설득이 더 잘 된다는 연구 결과가 있다.

예) 보험 설계보다 프로그램 컨설팅

⑦ **결론 유보화법**

이번 워크숍 장소는 강릉보다는 춘천이 더 맞지 않을까요? 식으로 결론을 잠시 미루는 것이다. 이때 중요한 것은 말하는 사람이 단호하게 전달하되, 마지막은 질문형으로 해준다.

⑧ **풋 인더 도어(foot in the door)**

의미 그대로 먼저 문을 열고 발부터 넣고 난 뒤 서서히 들어가는 것처럼 먼저 사소한 부탁을 시작한 후 상대방이 거절을 못하게 만든 다음 정말 원하는 것을 요청하는 화법이다. 조금 더 쉽게 승낙하게 하기 위한 말하기 방법이다.

⑨ 페이스 인 더 도어(face in the door)

풋 인더 도어와 반대 개념으로 보면 된다. 먼저 큰 부탁을 해서 상대가 거절하면 미안한 감정을 갖게 하면서 이후 요구되는 비교적 작은 거절을 못하고 수용하게 하는 말하기 방법이다.

⑩ 123법칙

1번 말하고 2번 듣고 3번 공감하라는 말하기 방법. 공감할 때는 아~ 네~ 그렇군요. 정말요? 등의 언어 반응과 고개의 끄덕거림, 눈동자 크기 등의 행동반응을 적절히 보여주면 좋겠다.

⑪ 오찬의 법칙

친목을 위한 자리가 아닌 설득을 해야 하는 자리라면 다과, 차, 식사 등을 하면서 대화를 이어 나가면 평균 20% 이상 설득력이 향상된다고 한다.

제 2 장 비언어적 커뮤니케이션 활용법

1. 좋은 목소리의 중요성

우리는 다양한 인간관계를 맺으며 살아가고 있다. 가깝게는 가족과의 관계, 이웃과의 만남, 학교와 직장생활에서 새로운 사람들과의 만남의 연속이다. 그 관계 맺기에서 가장 중요한 것은 바로 소통능력이다. 대인관계에서 원만한 소통으로 인해 좋은 인간관계를 만들 수 있고 또한 다른 사람들로부터 나의 능력을 잘 평가받을 수도 있다. 하지만 커뮤니케이션 능력이 부족하면 아무리 내 안에 열정과 진정성을 갖고 있더라도 상대방으로부터 그 능력은 평가 절하될 수밖에 없다. 현대 경영학의 창시자 피터 드러커는 현대인에게 가장 필요한 능력은 자기 표현능력이며 경영 관리도 커뮤니케이션 능력이 좌우한다고 강조했다.

좋은 목소리는 호감 가는 이미지를 형성하는 데 중요하지만 또렷한 발음과 울림 있는 목소리는 말의 내용을 분명하게 전달할 수 있다.

미국의 심리학자 알버트 메러비안에 의하면 커뮤니케이션에서 시각적 요소가 55%, 청각적 요소가 38%, 말의 내용은 7%를 차지한다고 한다. 그만큼 말의 내용보다는 목소리의 중요성을 강조하고 있다. 좋은 목소리란

안정감 있는 호흡과 울림 있는 발성, 또렷한 발음과 함께 진심이 담겨야 한다.

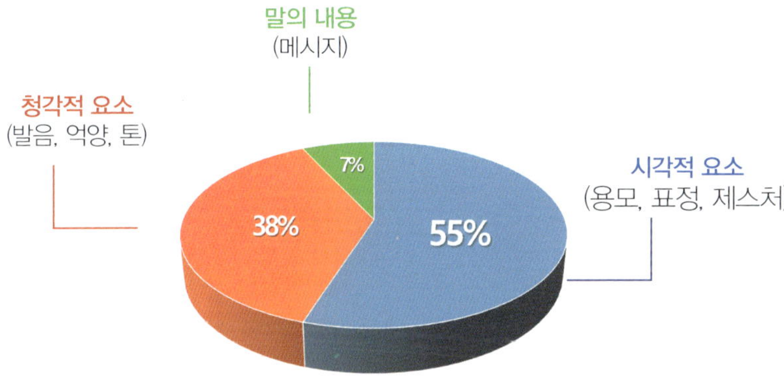

2. 목소리 훈련의 기본, 복식호흡

먼저 안정감 있는 목소리를 만들기 위해서는 풍성한 호흡을 갖추어야 한다. 목소리 훈련의 기본이자 기초 체력이기도 한 복식호흡 훈련이 필요하다. 우리가 평상시 쉬고 있는 호흡은 얕은 호흡인 흉식호흡을 사용한다. 하지만 복식호흡을 하게 되면 호흡량이 30%나 증가하여 한 호흡으로 안정감 있게 말을 할 수 있다. 평소 말끝을 흐리는 습관이 있는 사람은 대부분 호흡이 부족하기 때문인 경우가 많다. 이런 말투는 상대방에게 말에 대한 확신이 없어 보이고 자신감 없는 이미지로 보일 수 있기 때문에 지속적인 복식호흡 훈련이 필요하다.

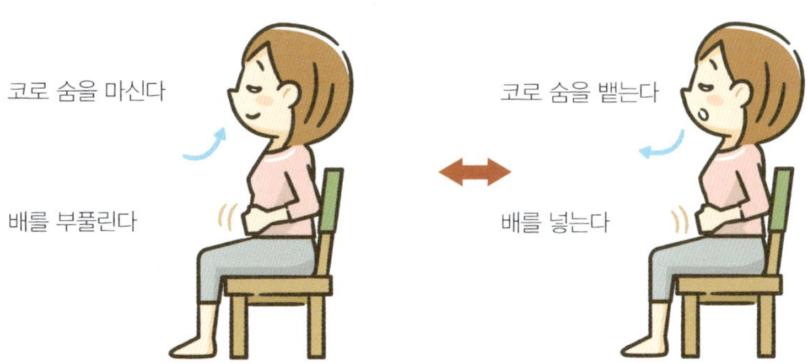

기본 연습

① 2초간 들이마시고 4초간 내쉬기
② 4초간 들이마시고 8초간 내쉬기
③ 4초간 들이마시고 4초간 호흡 멈춘 후 4초간 내쉬기

심화 연습

바른 자세를 취해주고 상체를 이완한다. 복식호흡을 하면 앞의 그림과 같이 숨을 들이마시면 배가 나오고 내쉬면 배가 들어간다. 잘 안 되는 분들은 아마 상체가 긴장되어 있을 것이다. 편안하게 바닥에 누워서 상체의 긴장감을 푼 상태에서 다시 한 번 훈련해 보자.

① 들숨은 코로, 날숨은 입으로 쉰다.
② 가슴은 활짝 펴고 상복부는 내민다.
③ 어깨가 올라가지 않도록 한다.
④ 들숨 시 목을 열어준다.(하품을 참는다고 생각하면서)
⑤ 배꼽 아래 단전부분을 중심으로 복부가 팽창된 것을 확인한다.
⑥ 숨을 끝까지 다 짜내듯 내뱉어준다.

연습 원고

"혼자 가면 빨리 갈 수 있지만 함께 가면 멀리 갈 수 있다!"라는 말이 있습니다. 우리 짧은시간이지만 서로 인연을 돈독히 해서 함께 갔으면 좋겠습니다.

호흡량을 조절하면서 원고를 읽어본 뒤 몇 번 숨을 쉬었는지 체크해 본다. 차츰 호흡연습을 통해 호흡량이 늘게 되면 한 호흡으로도 충분히 원고를 소화해 낼 수 있게 된다.

3. 울림 있는 목소리, 공명 발성

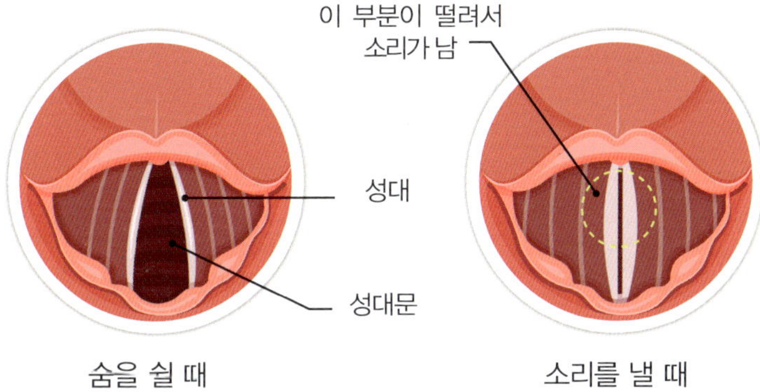

발성이란 날숨에 의해 성대를 진동시켜 소리를 내는 것이다. 소리를 잘 내기 위해서는 발성하기 좋은 입 모양을 갖추어야 한다. 하품할 때와 같이 입을 크게 벌리고 최대한 발성에 방해가 되지 않도록 혓바닥은 아래에 둔다. 상체를 이완시키며 복식호흡을 한 후 목에 힘을 주지 않고(하품하면서 나오는 자연스러운 소리) 아~~ 하고 소리를 낸다. 이때 손을 배에 대고 들이마시고 소리가 나올 때의 느낌을 익혀보자.

발성 연습

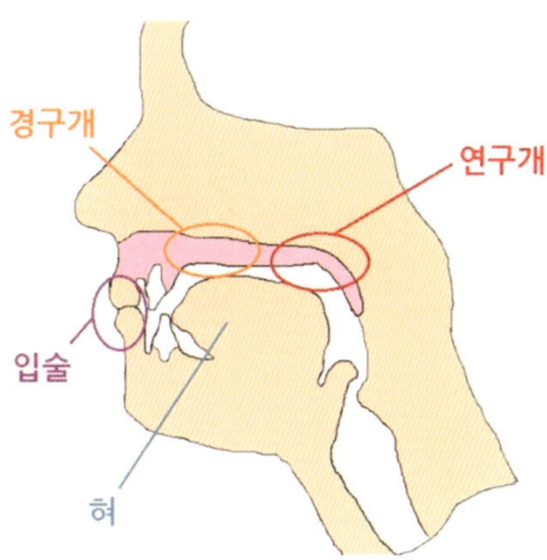

아 ~~~ 발성 5초
아 ~~~ 발성 10초
아 ~~~ 발성 15초
아 ~~~ 발성 20초

하품을 하듯 연구개를 들어올려 목구멍 공간을 넓히고 혀를 내려서 소리가 나오는 길(공간)을 넓게 해주는 것이 중요하다. 턱을 충분히 내려주면서 공명이 될 수 있도록 의식해 준다. 앞서 배웠던 호흡을 생각하면서 숨을 배에 채우고 소리를 멀리 던진다는 느낌으로 뱉어준다. 또한 이때 기억해 두면 큰 도움이 되는 두 가지 발성법이 있다.

좋은 발성의 비밀

① 소리를 둥글게 멀리 던지듯 낸다.
발성 시 소리가 직진이 아닌 포물선을 그리듯 나오게 해준다.

② 목소리 톤을 활용하라. 목소리의 높낮이로 인해 전달되는 말의 느낌이 달라질 수 있다.

발성 연습 시 아~(고음) 아~(고중음) 아~(중음) 아~(중저음) 아~(저음)으로 소리를 다양하게 내면서 나의 목소리에 집중해 준다. 이때 내가 낼 수 있는 편안하고 안정감 있는 목소리 톤이 있을 것이다.

일반적으로 사람들이 가장 좋은 목소리로 선호하는 목소리의 톤은 '미' 정도의 목소리라고 한다. '미'톤의 목소리를 기준으로 조금 더 신뢰감을 주고 싶다면 중저음으로, 밝고 경쾌한 느낌을 주고 싶다면 고중음을 적절히 활용해도 좋겠다.

4. 전달력을 높여주는 정확한 발음

우리말은 19개의 자음과 21개의 모음으로 이루어져 있다. 또렷한 발음을 하기 위해서는 먼저 조음기관인 혀, 입술, 볼, 턱을 부지런하게 움직여야 한다. 특히 자음은 입안의 혀의 위치(정확한 조음점)와 모음의 입모양이 중요하다.

자음의 혀 위치

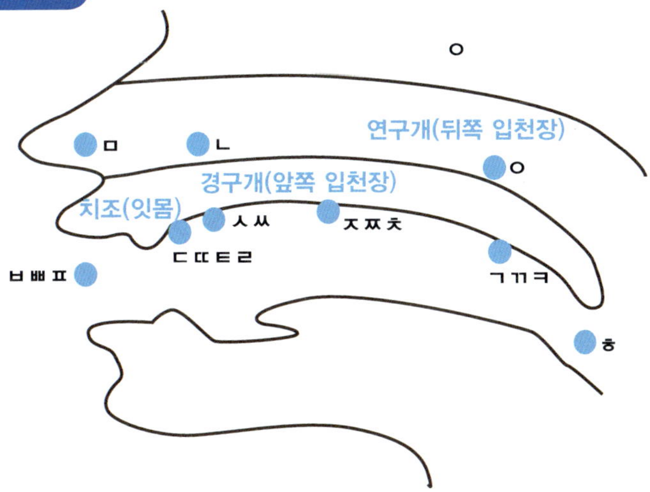

① 입술이 붙었다 떨어지면서 나는 입술소리

ㅂ ㅃ ㅍ ㅁ

② 윗니 안쪽에 혀끝이 닿거나 가까워지면서 나는 치조음

ㄷ ㄸ ㅌ ㄴ ㄹ ㅅ ㅆ

③ 입천장(경구개)에서 나는 경구개음

ㅈ ㅉ ㅊ

④ 입천장(연구개)에서 만들어지는 연구개음

ㄱ ㄲ ㅋ ㅇ

⑤ 목젖에서 나는 소리(후음)

ㅎ

모음의 입 모양

〈아〉

〈애〉

〈에〉

〈이〉

〈오〉

〈우〉

발음 연습

1

허로 입안 구석구석을 핥아준다.
(혀의 움직임을 크게 하기)

2

'따르르릉, 까르르르' 반복한다.
(점점 빠르게 발음)

3

'아 에 이 오 우'
(최대한 입을 크게 벌려 반복한다)

4

똑딱똑딱을 혀를 힘차게 차 올리며 소리낸다

5

입술을 모아 원을 크게 그려본다.
(시계반향 10번, 반대 방향 10번 이상 반복)

6

혀끝이 턱 끝에 닿는 느낌으로 혀를 아래로 10번 이상 힘차게 내민다.

7

입술에 힘을 빼고 푸르르르르 입술을 턴다.

① 혀를 부지런히 움직여라.

② 입술을 충분히 풀어줘라.

③ 모음 연습을 많이 해줘라.

예를 들어 "안녕하세요"를 연습할 때 자음과 모음을 분리한 뒤 "ㅏ,ㅕ,ㅏ,ㅔ,ㅛ"를 먼저 소리내어 연습한다. 이후 자음을 더해서 다시 "안녕하세요"라고 소리를 내어보면 확실히 발음이 개선된 것을 느낄 수 있을 것이다.

기본 발음 연습표

가	갸	거	겨	고	교	구	규	그	기
나	냐	너	녀	노	뇨	누	뉴	느	니
다	댜	더	뎌	도	됴	두	듀	드	디
라	랴	러	려	로	료	루	류	르	리
마	먀	머	며	모	묘	무	뮤	므	미
바	뱌	버	벼	보	뵤	부	뷰	브	비
사	샤	서	셔	소	쇼	수	슈	스	시
아	야	어	여	오	요	우	유	으	이
자	쟈	저	져	조	죠	주	쥬	즈	지
차	챠	처	쳐	초	쵸	추	츄	츠	치
카	캬	커	켜	코	쿄	쿠	큐	크	키
타	탸	터	텨	토	툐	투	튜	트	티
파	퍄	퍼	펴	포	표	푸	퓨	프	피
하	햐	허	혀	호	효	후	휴	흐	히

어려운 발음 연습 원고

- 앞 집 팥죽은 붉은 팥 풋팥죽이고, 뒷집 콩죽은 햇콩단콩 콩죽, 우리 집 깨죽은 검은깨 깨죽인데 사람들은 햇콩단콩 콩죽 깨죽 죽먹기를 싫어하더라.
- 저기 가는 저 상장사가 새 상 상장사냐 헌 상 상장사냐.
- 중앙청 창살은 쌍창살이고, 시청의 창살은 외창살이다.
- 내가 그린 구름그림은 새털구름 그린 구름그림이고, 네가 그린 구름 그림은 깃털구름 그린 구름그림이다.
- 안촉촉한 초코칩 나라에 살던 안촉촉한 초코칩이 촉촉한 초코칩 나라의 촉촉한 초코칩을 보고 촉촉한 초코칩이 되고 싶어서 촉촉한 초코칩 나라에 갔는데 촉촉한 초코칩 나라의 문지기가 넌 촉촉한 초코칩이 아니고 안촉촉한 초코칩이니까 안촉촉한 초코칩나라에서 살아라고해서 안촉촉한 초코칩은 촉촉한 초코칩이 되는 것을 포기하고 안촉촉한 초코칩 나라로 돌아갔다.
- 된장공장주방장과 김공장주방장은 박주방장이고 마늘공장주방장과 파공장 주방장은 곽주방장이다.

[셀프 보이스 진단표]

*아래 원고를 녹음(녹화)한 뒤 모니터링을 하면서 객관적 평가를 해본다. 본인이 좋아하는 책의 일부분이나 뉴스 기사 등도 괜찮다.

> 당신이 가장 원하는 것이 뭔지 분명하게 생각해야 합니다. 살아 있다는 사실에 흥분하게 만드는 건 무엇인가요? 이 짧은 삶에서 정말 하고 싶은 건 무엇인가요? 그렇다면 당신이 남기고 싶은 건 무엇인가요? 하지만 미래를 꿈꾸는 데 모든 시간을 써버리지는 마세요. 내일을 여는 열쇠는 바로 오늘입니다. 어느 날 어제와 같은 오늘이 아니라 길고 어두운 터널 끝에서 쏟아지는 눈부

신 빛을 맞이하게 될 겁니다. 그리고 당신의 여행은 끝나게 되겠지요. 이 여동안 하루하루가 소중한 선물이라는 것을 언제나 기억하길 바랍니다. 우리가 있는 그대로를 순수하게 즐기고 최선을 다한다면 당신이 믿든 안 믿든 또 하나의 엄청난 선물이 당신을 기다릴 겁니다. 바로 내일!!

– 내일은 더 멋질 거야 中 –

[셀프 보이스 진단표]

평가항목		매우 우수	우수	보통	노력	매우 노력
발음	음가 모두를 발음하는가? (정확성)	5	4	3	2	1
발성	목소리에 힘이 있는가? (성량)	5	4	3	2	1
	목을 누르거나 닫고 소리를 내지는 않는가? (안정감)	5	4	3	2	1
	가늘고 높은 소리를 내지는 않는가? (아성)	5	4	3	2	1
호흡	복식호흡을 하는가? (복식호흡)	5	4	3	2	1
	호흡이 충분한가? (길이)	5	4	3	2	1
	호흡을 잘 조절하였는가? (포즈)	5	4	3	2	1
음색	탁성이 있지는 않은가? (쉰소리)	5	4	3	2	1
	목소리가 듣기 좋은가? (맑기)	5	4	3	2	1
	목소리의 높이는 적당한가? (tone)	5	4	3	2	1
속도	말의 빠르기가 적당한가? (속도)	5	4	3	2	1
	내용에 따라 속도에 변화를 주었는가? (완급)	5	4	3	2	1
강세	핵심어에 강세를 두었는가? (의미 파악)	5	4	3	2	1
억양	사투리나 문어체 어조를 사용하지 않았는가? (자연스러움)	5	4	3	2	1
표정	표정이 내용에 맞게 자연스러운가? (표정)	5	4	3	2	1

⊙**결과**

61점~75점 : 전달력 높은 목소리로 어디에서든지 인정받을 수 있다.

51점~60점 : 호감 있는 목소리로 설득력 있는 스피치를 할 수 있다.

45점~50점 : 훈련을 통해 충분히 호감과 신뢰감 있는 목소리를 만들수 있다.

44점 이하 : 본인의 목소리를 항상 의식할 필요가 있으며 음성 변화를 위한 노력이 필요하다.

TIP! 상식 더하기

호감 UP, 신뢰감 UP, 청중을 사로잡는 비즈니스 스피치를 하고 싶다면…

① **강약(액센트)**

의미를 강화시키기 위해 다른 음절보다 더 힘주어 발음하거나 반대로 약하게 말하는 것. 주위 문장과 비교해서 음성의 세기와 높이를 '더 높고, 강하게' 혹은 낮거나 약하게 말하기. 하지만 속도와 발음은 '약간 천천히 하되 보다 명료하게'

② **속도**

말의 속도가 빠르면 듣는 사람이 불안, 긴장하게 되며, 속도가 느리면 뭔가 둔하고 열의가 없는 인상을 주기에 적절한 조절이 필요함

③ **포즈**

끊어 읽기, 띄어 읽기로 의미 전달의 효용성, 발음의 정확도, 발성의 자연스러움, 운율 등에 영향을 미침

④ **어조**

말투, 말의 분위기로 어조는 액센트와 깊은 연관이 있음. 음색에서는 말하는 사람의 신뢰, 인성, 심리상태까지도 나타냄

⑤ **억양**

상승조, 평탄조, 하강조의 변화가 적절히 유지되면 긴 이야기도 지루하지 않고 신뢰감을 줌

⑥ **말소리의 고저(높낮이)**
고저는 음계의 높낮이인데 어떻게 잡느냐에 따라 말하는 사람의 표현이 달라지고 듣는 사람이 흥미를 갖게 됨

⑦ **장단음**
낱말의 장단음을 지키면 전달하고자 하는 말의 리듬이 더욱 또렷하면서 발음도 유연해지고 정확한 의미를 표현할 수 있음(장음 연출은 신뢰감을 높여줌)

⑧ **목소리 크기**
말할 때 일정한 크기의 목소리를 유지하며 상황에 따라 크기를 조정
내용 강조, 나의 의사를 분명히 표현하고 싶다면 상황과 말의 내용에 맞게 목소리 크기에 변화두기

5. 몸짓언어(보디랭귀지) 해석과 활용법

표정

이미지 형성뿐만 아니라 의사소통을 할 때도 표정을 비롯한 제스처, 자세, 시선 등의 비언어적 요소들은 매우 큰 영향력이 있다. 언어적인 메시지가 사실을 전달한다면 비언어적인 메시지는 감정을 전달한다고 할 수 있다. 미국의 인류학자이자 심리학자인 레이 버드휘스텔(Ray Birdwhistell, 1952)에 의하면 메시지 전달에 있어서 언어적(verbal) 요소는 30%를 차지하고, 비언어적(nonverbal) 요소가 전달하는 정보의 양이 70%라고 한다. 특히 말하는 사람의 메시지와 태도가 일치하지 않는 상황이라면 대부분의 사람들은 말보다 태도를 신뢰한다는 연구 결과도 있다.

커뮤니케이션에 있어서 상대에게 호감 가는 밝은 표정은 이후 관계와 업무에 큰 영향을 준다. 특히나 첫 만남인 경우에는 긍정의 첫인상을 전달하기 위해 평소 표정 연습을 꾸준히 해야 한다. (2장 "표정의 종류와 좋은 표정 훈련법" 참고) 좋은 표정, 말하는 내용과 현장의 분위기에 맞는 올바른 표정은 상대방을 편안하게 만들어주며, 의욕을 자극하여 관계와 업무에 대한 동기를 부여해 줄 수 있다.

시선

상대방과 눈을 맞추는 것은 비언어적 의사 소통 시 메시지를 전달하는데 있어 중요한 요소이다. 눈맞춤을 피하면 자신감과 진실성이 결여되어 보일 수 있다. '눈은 마음의 창'이라고 하듯이 진실된 눈빛은 열 마디 말보다 더 강한 호소력을 가진다. 상황에 따른 적절한 눈맞춤으로 상대에 대한 호감과 자신감을 보여주자.

① 다수의 청중을 대상으로 발표 시 시선 처리

- 청중 전체와 골고루 눈맞춤을 하자. 청중이 소수일 때는 한 사람 한 사람과 눈맞춤하는 것이 바람직하다. 발표 장소가 넓고 청중이 수백 명인 경우에는 그룹단위로 나누어 시선을 골고루 보낸다.
- 청중과 눈맞추는 시간은 한 문장에 한 사람 정도로 하여 시선을 교환하자. 시선을 너무 빠르게 옮기면 발표자가 초조감과 불안감으로 인하여 자신감이 없는 것으로 인식될 수 있으므로 주의하자.
- 프레젠테이션 도중 청중과 스크린에 대한 시선 배분은 8:2가 바람직하다. 발표자가 스크린만 보면서 발표하면 청중과 소통이 되지 않을 뿐더러 청중은 무슨 내용인지 핵심을 파악하지 못하게 되어 프레젠테이션에 실패할 수 있음을 명심하자.

몸짓언어(보디랭귀지)

[얼굴을 통한 몸짓언어]

몸짓	해석되는 의미
반복되는 눈, 코, 턱 등의 얼굴 일부를 만지작거리는 행동	자기의 허약함을 감추려는 의사
맞장구가 없는 가벼운 미소	완곡한 거부나 난처함
얼굴에 잠시 웃음을 지었다가 곧바로 웃음을 거둠	속으로 계산하고 있음
갑자기 미소를 중단	쓸데없는 행위에 대한 무언의 경고
설득하기 위해 애쓰는데 상대는 무표정	난처한 입장이거나 혐오감, 부탁을 거부하는 표시

[눈을 통한 몸짓언어]

몸짓	해석되는 의미
대화 시 상대방을 보지 않는다.	특히 상대방에게 시선을 30% 이하를 준다면 뭔가 숨기려는 마음이 크다.
이리저리 불안정한 시선	심리적으로 불안하고 불성실한 성격의 소유자

곁눈질	상대의 말에 불만이나 의문을 품고 있다.
눈살을 찌푸린다.	상대방의 의견에 찬성하지 않는다.
상대를 관찰하면서 상대방의 발을 먼저 보고 얼굴을 본다.	상대방을 불신하거나 경멸하고 있다.
눈을 크게 뜨고 상대를 본다.	상대방에 대한 강한 흥미를 갖고 있다.
대화할 때 상대방을 오래도록 주시한다.	말의 내용보다 그 말을 하는 사람에 대해 관심을 갖고 있다.

[입을 통한 몸짓언어]

몸짓	해석되는 의미
손으로 입을 가리며 말을 한다.	상대방 경계, 본심을 감추려는 행위
손을 입에 대고 묵묵히 있다.	더 이상 대화하고 싶지 않다는 의사 표시
말을 할 때 주먹을 얼굴에 갖다 대면서 자꾸 헛기침을 한다.	근심이 있다.
입술을 '-'자로 꼭 다물고 있다.	강한 결의를 나타냄
입술을 깨문다.	실패했을 때
입술을 삐죽거린다.	공격심이 생길 때
입술 양쪽이 올라간다.	현재의 심리상태가 부드럽다.

[코를 통한 몸짓언어]

몸짓	해석되는 의미
턱을 조금 치켜들고 코를 내민다.	거만한 마음의 표시
콧구멍이 보일 정도로 코를 치켜든다.	상대방을 가볍게 여기는 표시
머리를 뒤로 젖히면서 코를 상대로부터 멀리 한다.	혐오와 거부의 표시
코를 만지작거린다.	거짓말, 부정적 의사 표시
코에 손을 대고 앞으로 숙인다.	부정적인 의사를 확실히 전달하려는 행동

콧날을 잡고 눈을 지그시 감는다.	마음의 갈등을 상대에게 전달하려는 행동
콧날을 잡고 심사숙고하는 동작을 취한다.	상대의 시선을 끌기 위한 행동

[턱을 통한 몸짓언어]

몸짓	해석되는 의미
턱을 만지작 거린다.	불안이나 고독한 기분을 전환시키려는 욕구
턱을 안으로 힘껏 당긴다.	절대 복종의 의사를 나타내는 무언의 표시
뭔가를 지시할 때 턱을 든다.	자기 주장이 강한 사람으로 자기 주장의 확대이며 공격의 표현
말을 할 때 두 손바닥으로 턱을 고인다.	위안받고 싶어하는 욕구

[목을 통한 몸짓언어]

몸짓	해석되는 의미
기계적으로 고개를 끄덕인다.	경청하고 있지 않으며 반론을 제기하고 싶은 마음도 없다.
말을 하면서 자주 고개를 끄덕인다.	경청
목을 늘어뜨린다.	자신의 패배 인정
상체를 뒤로 젖힌 채 조용히 상대의 말만 듣고 있다.	상대의 말이 엉뚱한 곳으로 흘렀을 때 지적하기 위한 행동

[손과 팔을 통한 몸짓언어]

몸짓	해석되는 의미
대화 도중 손가락이나 연필 끝으로 책상을 톡톡 두드리며 소리를 낸다.	상대의 말에 동의할 수 없다는 뜻
주먹을 쥐거나 한쪽 손으로 주먹을 만들어 다른 손바닥을 내리친다.	상대방에 대한 무언의 위협

주변의 물건을 계속 만지작거린다.	긴장
턱밑에 양손 끝을 모은다.	자신감
심장부나 윗가슴에서 팔짱을 낀다.	상대에 대한 거절이나 방어의 표현
팔짱을 비스듬히 낀다.	상대방의 말을 비판적으로 듣고 있음
소매를 걷어올린다.	적극성, 힘 과시의 표현

제 3 장 세일즈 커뮤니케이션

1. 스몰 토크

스몰 토크란 일상적인 대화를 가볍게 나누는 걸 말하는데 이를테면 날씨, 사회적 이슈, TV드라마나 영화, 스포츠 등 어색한 분위기를 깨고 서로 가까워지기 위해 나누는 본격적인 대화 전에 시작되는 아주 짧은 대화 정도라고 생각하면 된다.

미국 드라마나 영화를 보면 등장하는 인물들이 처음 만나는 사람들과 거리낌없이 인사하고 대화를 가볍게 주고받는 것을 많이 볼 수 있다. 다양한 인종과 네트워크가 형성되어 있는 미국에서 시작된 문화로 알려진

스몰 토크는 '별 의미 없는 대화' '쓸데없는 말' '잡담' '수다'처럼 여겨질 수 있지만 관계와 비즈니스상에 큰 영향을 주기도 한다.

실제로 근무 중 업무 외적 잡담, 스몰 토크를 나누면서 회사를 다니는 직원들의 근무 만족도는 그렇지 않은 직원에 비해 10%가량 높다는 연구 결과가 있었다. 비단 근무 만족도뿐만은 아니었다. 업무 성과 역시도 10%가량 높게 나왔다.(MIT의 벤자민 와버 교수)

효과적인 스몰 토크 방법

① 가벼운 주제

- 날씨, 스포츠, 드라마, 영화 등과 같은 가벼운 내용
- 상대방의 지나친 사생활, 종교, 정치, 논란이 되는 사회적 이슈는 피한다.

② 질문은 Open Question(열린 질문)으로 한다

-예, 아니오로 끝나지 않는 질문

③ 반응 보이기

확실한 언어 리액션 : 내용은 가볍지만 아~ 네~ 정말요? 대단한데요? 등과 같은 언어 리액션을 보여준다.

확실한 행동 리액션 : 언어 리액션과 더불어 고개 끄덕이기, 눈 커지기, 앉은 자세의 각도 변화, 박수치기 등의 행동 리액션을 보여라. 이때 말보다 행동이 조금 빠른 듯한 반응을 보여야 좋다.

④ 주제 변경

상대의 행동반응도 읽어야 한다. 흥미 없는 태도라면 주제를 변경하라.

⑤ 스몰 토크의 핵심 3가지

• 관찰 • 질문 • 표현

상대방을 관찰하면 주제 찾기에도 좋아서 스몰 토크의 시작이 수월하다. 스몰 토크가 핑퐁토크(탁구공처럼 왔다갔다 대화가 진행)로 이어진다면 꼬리 질문을 이어 나가기도 좋다. 이때 질문을 했다면 듣고 있음에 대한 경청과 리액션을 표현해 줘야 한다.

2. 고객 응대 커뮤니케이션

서비스의 정의

서비스란 무엇인가? 보통은 친철, 봉사, 상대방의 부탁을 들어주는 것이라고 생각한다. 서비스란 라틴어의 노예를 의미하는 '세르부스(servus)'라는 단어에서 유래되었고 영어에는 servant로 '사람에게 시중들다'는 의미이다. 오늘날에 와서는 서비스의 의미도 크게 달라져 자신의 정성과 노력을 남을 위하여 사용한다는 의미로 변하였다. 하지만 서비스의 가장 기본적인 이해와 정신은 바로 서로가 감사하는 마음에서 출발하는 것이다.

서비스의 특징

① 무형성 intangibility

서비스는 구체적인 제품처럼 눈으로 보거나 만질 수 없고 단지 가시성만 갖는다. 이처럼 서비스의 기본적인 특성은 형태가 없다는 것을 뜻하는데, 이를 무형성이라 한다. 따라서 서비스의 가치를 파악하거나 평가하기는 어렵다.

② 이질성 heterogeneity

서비스는 비표준적이며 고도로 가변적이다. 서비스 생산과정과 분배과정에 사람이 개입하기 때문에 유형제품처럼 동질적일 수가 없는데, 이러한 서비스 이질성 때문에 고객 제공 서비스의 표준화가 어렵다.

서비스는 제공자와 이용자 사이의 환경과 조건에 따라서도 항상 변한다. 또한 서비스는 종사원마다 또는 장소나 시간 등의 상황, 기계 사용능력 등에 따라서도 품질이 달라진다.

③ 비분리성 inseparability

생산과 소비가 분리되지 않고 동시에 일어난다. 유형제품의 경우 거래와 함께 소유권 이전이 일어나지만, 서비스의 경우는 놀거나 즐길 수 있을 뿐 가질 수 없다. 즉 서비스는 그 서비스 제공자가 사람이든 기계이든 간에 제공자와 분리될 수 없다는 것을 의미한다. 또한 서비스는 생산과 동시에 소비되기 때문에 고객이 서비스 공급에 참여하는 경우가 많다. 이런 서비스의 비분리성과 고객관여 때문에 제품생산처럼 사전에 품질을 통제하기 어렵고 대량생산체제를 구축하기는 더욱 어렵다.

④ 소멸성 perishability

서비스는 생산과 동시에 소멸된다. 서비스를 제공하는 시점에 소비자가 이를 소비하지 않으면, 그 서비스는 사라져 버린다. 이처럼 서비스는 제품처럼 저장해 두거나 재고관리를 할 수 없어, 항상 과잉생산에 따른 비용손실과 과소생산에 따른 이익기회 상실이라는 문제점이 발생한다.

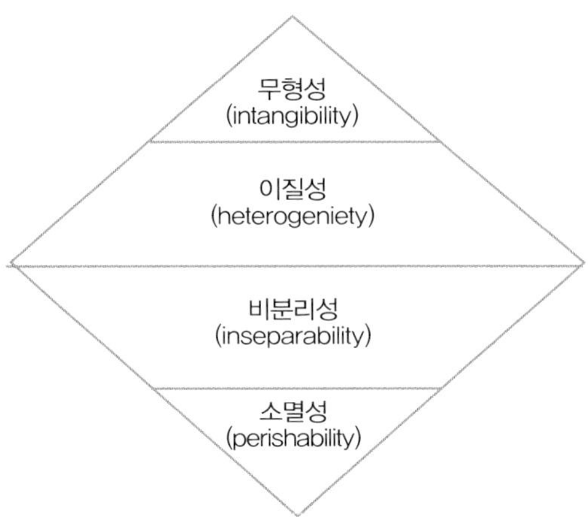

유형별 고객의 특징

1928년 미국 컬럼비아대학 교수인 William Mouston Marston 박사가 개발한 DISC행동유형모델은 인간은 환경을 어떻게 인식하고 또한 그 환경 속에서 자기 개인의 힘을 어떻게 인식하느냐에 따라 4가지 형태로 행동하게 된다고 한다. 이러한 인식을 바탕으로 한 인간의 행동을 각각 주도형, 사교형, 안정형, 신중형, 즉 DISC행동유형으로 분류하고 있다.

DISC행동유형을 알면 자신의 행동유형과 강점을 발견하고 이를 활용할 수 있다. 또한 타인의 행동을 이해하고 다른 사람과 효과적으로 상호작용할 수 있으며 자신에게 맞는 갈등관리, 대인관계 유지방법, 학습방법을 발견할 수 있다.

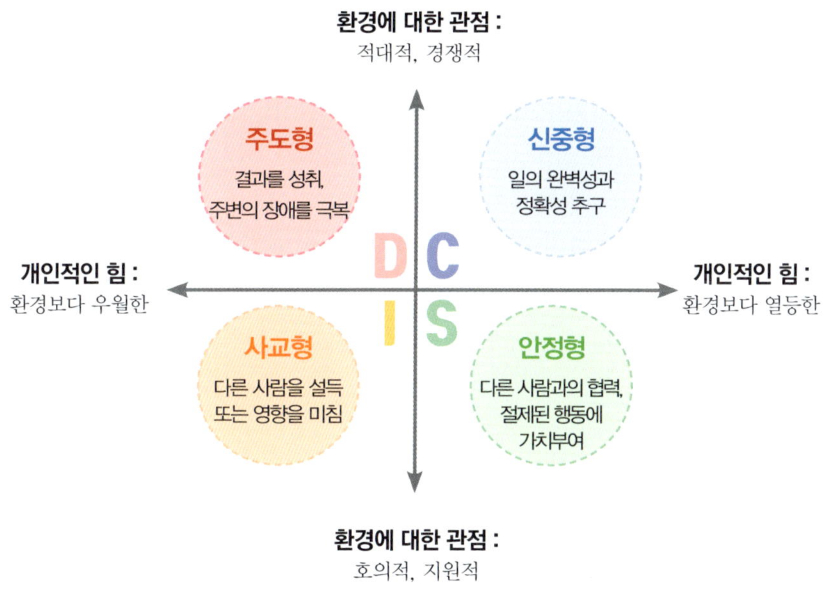

DISC행동유형의 특징

D-주도형	I-사교형
• 빠른 결과를 얻고 싶어함	• 첫인상이 호의적이고 친절함

• 의사결정을 쉽게 빠르게 내림 • 짧게 요점을 말함 • 목소리가 크고 자신감이 있음 • 공적 접근방식 취함	• 잘 웃고 명랑하고 활기차 보임 • 말을 먼저 하거나 대화하는 것을 좋아함 • 목소리의 높낮이에 변화가 있음 • 감정교류가 있으며 즉흥적 결정을 잘함
S-안정형	**C-신중형**
• 부드럽게 말하고 인상이 편안함 • 말하기보다 주로 말을 듣는 경향이 있음 • 목소리가 작은 편이고 강약의 변화가 적음 • 인내심이 있어 남의 이야기를 잘 들어줌 • 제스처를 많이 쓰지 않음	• 정확한 자료, 정보를 듣기 원함 • 사무적인 말투로 표현함 • 세부사항에 신경을 많이 씀 • 조심스럽고 조용하며 예의 바르게 다가옴 • 말을 먼저 하기보다는 궁금한 것을 질문함

DISC 고객 유형별 응대방법

D-주도형	I-사교형
• 직접적인 대답, 확실성, 요점을 제시하라. • 결과물을 강조하라. • 옵션과 기능성을 제시하라. • 사실, 상태, 아이디어에 동의하라. • 두서없이 말하는 것을 피하라. • 요약하고 종료하라.	• 새롭고 특별한 것임을 강조하라. • 명료하게 설명하라. • 전문가의 추천을 강조하라. • 충분한 대화를 주고받을 기회를 제공하라. • 열정적이 되어라. • 편하고, 친근하고, 따뜻하게 대하라.
S-안정형	**C-신중형**
• 인간적인 진정성 있는 관심을 표명하라. • 꾸준하게 정기적 접촉을 유지하라. • 결정에 따르는 위협요인을 최소화할 방안을 제시하고 확신을 심어주라. • 참을성 있게 구매목표를 끌어내고, 목표 달성을 도와주라.	• 고객의 예상 질문에 철저히 대비하라. • 작은 것이라도 약속을 꼭 지켜라. • 고객의 자료, 정보를 비교 검토할 시간을 주고 반응을 기다려라. • 고객이 동의하지 않는다면 왜 그렇게 생각하는지 예의를 갖춰 질문하라.

DISC 고객 유형별 주의사항

D-주도형	I-사교형
• 우유부단함을 보이지 마라. • 지나치게 친근함을 보이지 마라. • 지나치게 일반화하지 마라.	• 사교적인 언급을 무시하지 마라. • 고객이 제안하거나 끼어드는 것을 막지 마라.

• 너무 자세한 자료를 제공하지 마라. • 말을 너무 많이 하지 마라. • 고객을 대신해 결정을 내리지 마라.	• 지나친 세부사항을 언급하지 마라. • 차갑게, 묵묵하게 있지 마라. • 지나친 거리감을 주지 마라.
S-안정형	**C-신중형**
• 지나치게 직설적으로 말하지 마라. • 내 요구, 주장을 강하게 내세우지 마라. • 일을 너무 빠르게 진행시키지 마라. • 갑작스럽게 제안하지 마라. • 너무 자세하게 설명하지 마라.	• 너무 개인적인 질문을 하지 마라. • 지나치게 친근하게 행동하지 마라. • 감성에 호소하는 접근을 하지 마라. • 근거 없는 주장을 하지 마라. • 고객이 하는 질문을 사소하게 여기지 마라.

[나의 행동유형 분석 셀프 체크]

아래 점수 칸에 해당되는 점수를 적으세요

*전혀 그렇지 않다_1점 *그렇지 않다_2점 *보통_3점 *그렇다_4점 *매우 그렇다_5점

No	문항	A	B	C	D
1	매사 활동적이며 활기차다는 소리를 자주 듣는다.				
2	예측가능한 일을 선호한다.				
3	어떤 일을 하더라도 체계적이며 질서정연하다.				
4	평소 걱정을 크게 하지 않으며 매사 낙천적이다.				
5	모임 등의 조직생활에서 말수가 없고 내성적이다.				
6	나는 예의를 중시여기며 예의 없는 사람이 싫다.				
7	사람들에게 박수받고 인정받는 것이 좋다.				
8	확신이 있다면 도전하고 끝까지 간다.				
9	부드럽고 따뜻하게 말을 한다.				
10	의심 없이 사람 말을 잘 믿는다.				
11	같이 일하는 사람이 느리거나 잘못하면 직접 하는 게 편하다.				
12	회의나 모임 등 참석 시 미리 할 말을 생각해 가고 또 그런 자리에서 말을 잘한다는 소리도 자주 듣는다.				
13	큰 변화 없는 평범하고 안정된 삶이 좋다.				

14	칭찬을 받으면 일할 맛이 난다.				
15	상대가 원하고 좋아한다면 약간의 희생과 양보도 어렵지 않다.				
16	돌려서 말하는 사람을 보면 답답하고 핵심만 말하는 사람이 좋다.				
17	많은 사람들과 어울리는 것이 좋고 많은 사람들 앞에서 말하는 것이 부끄럽지 않고 오히려 즐겁고 좋다.				
18	하고 싶은 말이 있어도 잘 참을 수 있고 굳이 말하고 싶지도 않다.				
19	결과나 성과에 큰 영향을 준다면 상대방의 마음이 상하더라도 내가 해야할 말은 꼭 전달한다.				
20	상대방의 마음이 다칠 것이 걱정되어 하고 싶은 많이 말을 참는다.				
21	혼자보다는 모임이나 조직의 구성원이 좋다.				
22	불필요한 상황에서의 변화는 의미가 없지만 필요한 상황이라면 기꺼이 변화가 가능하다.				
23	주변 사람들로부터 냉정하다는 평가를 자주 듣는다.				
24	처음 보는 사람과도 친해질 수 있다.				
25	사람들에게 주목받는 것이 나쁘지 않고, 모임이나 조직에서 인기 있는 사람이 되고 싶어 노력도 한다.				
26	감정을 겉으로 나타내지 않으려 노력하고 감정 관리를 잘 하려 노력한다.				
27	내 일에 도움이 되는 것이라면 새로운 시도와 혁신이 어렵지 않다.				
28	어려운 상황의 사람을 보면 꼭 도와줘야 하고 양보와 배려가 어렵지 않다.				
29	승패가 있는 경기일 때 결과보다는 진행되는 과정에서의 다양한 재미가 더 중요하다.				
30	내가 내린 결론에 반대가 있으면 안 되고 사람들에게 "맞다"라는 말과 지지를 받아야 좋다.				
31	나의 도움을 받고 상대가 기뻐하고 감사해하면 나는 더 행복하고 기분이 좋다.				
32	어떤 일이든 뒤에서 지켜보는 것보다는 앞장서서 내가 일을 추진, 진행하는 것이 좋다.				

33	무엇이든 지시가 있을 때는 구체적이고 상세한 설명이 주어져야 일을 시작할 수 있다.				
34	사람들은 나와 같이 있으면 즐겁고 재미있다. 분위기 메이커라는 말을 자주 한다.				
35	다양한 변수가 있고 예측이 어려운 일은 거부감이 들고 불가능보다 예측 가능한 과정을 선호한다.				
36	무엇이든 결과를 의식하고 결과에 따른 성과를 항상 의식하며 임한다.				
37	필요하다면 기분이 언짢아도 그 가르침을 잘 수용할 수 있다.				
38	어떤 결정을 앞두고 오래 고민하기를 싫어한다.				
39	낯선 환경과 낯선 사람들 앞에 서는 것이 크게 불편하지 않다.				
40	내 결정이 틀렸을 때 잘못을 즉각 인정할 수 있으며 좋은 경험이었다고 생각한다.				
41	목표가 주어지면 반드시 이루기 위해 노력하고 이루고 만다.				
42	주변 사람들이 나의 영향을 받는 편이다.				
43	친절하고 상냥하며 온순하다는 말을 많이 듣는다.				
44	누가 시켜서 하는 것은 싫고 내가 선택해야만 한다.				
45	조용한 것이 좋고 선택적 고독을 때로는 즐긴다.				
46	나 하나보다는 가족이나 친구 모임, 조직의 화합을 더 생각하고 돕는다.				
47	나의 말에는 설득력이 높고 말싸움에도 자신이 있다.				
48	매사 선택과 결정이 빠른 편이며, 말과 행동, 결정 짓기 등이 느린 사람을 보면 답답하다.				
49	무엇이든 합리적이고 논리적인 접근의 결정이 중요하다고 생각하고 나 역시 그렇게 행동하는 것을 좋아한다.				
50	비교적 인기가 많은 편이며 모임과 약속이 많고 회식자리 초대도 많다.				
51	공과 사를 구분해야 하고 객관적 평가로 공정하게 일 처리를 하며 주어진 일의 완성도를 높이기 위해 노력한다.				

52	나는 나 자신의 능력을 믿고 용감하고 자신감 있게 행동한다.	■			
53	다수의 의견에 부정, 저항하지 않고 비교적 잘 순응하려고 한다.			■	
54	관찰력이 뛰어나며 오랜 시간 지켜보고 신중하게 선택한다.				■
55	크게, 자주 흥분하지 않고 서두르지 않는다.			■	
56	어떤 자리에서는 분위기를 좋게 만든다.		■		
57	규칙 준수를 선호하며 건전하고 올바르게 행동하려 한다.				■
58	느긋한 편이며 걱정을 오래 하기 싫어한다.			■	
59	변수나 돌발상황에도 확신이 있다면 물러서지 않고 자신 있게 행동한다.	■			
60	주변에서 까다롭다는 말을 자주 한다.				■
61	농담과 장난치기를 즐겨한다.		■		
62	매사 염려하고 걱정하고 꼼꼼하게 체크하는 타입이다.				■
63	남의 말에 영향을 잘 받고 쉽게 흔들린다.			■	
64	일할 때도 밝은 에너지로 조직 안에 긍정적 영향을 준다.		■		
65	도전상대가 있을 때 업무효율이 오르고 의욕이 넘친다.	■			
66	사람을 잘 믿고 잘 속는 편이다.			■	
67	다른 조직 사람들과도 친하게 잘 지내는 편이다.		■		
68	무엇이든 꼼꼼하게 치밀하게 따져본다.				■
69	남에게 지는 것이 싫고 경쟁하는 것이 나쁘지 않다.	■			
70	타인의 잘못을 크게 비난하지 않고 관대한 편이며 부탁 시 거절을 잘 못한다.			■	
71	충동적 시작이 많고 그것을 즐긴다. 반면 마무리가 약한 편이다.		■		
72	많은 사람들의 주목에 거부감이 있으며 혼자 일하고 혼자 행동하는 것을 선호한다.				■
73	의지가 강한 반면에 다소 고집이 있으며 독단적이기도 하다.	■			
74	무엇이든 사람들과 함께 나누는 것을 좋아한다.			■	

75	친절하고 편안하게 해주려 노력한다.				
76	배짱이 있고 일할 때 대담한 편이다.				
77	협동을 좋아하며 동료애를 중요시여긴다.				
78	압력과 스트레스가 오면 공격적 태도를 보인다.				
79	불필요한 논쟁이 싫고 그런 일이 생기지 않게 하려 노력한다.				
80	대화 시 나의 감정표현을 잘 한다.				

종합계의 점수를 아래 그래프에 순서대로 점을 씩고 선으로 연결하세요.

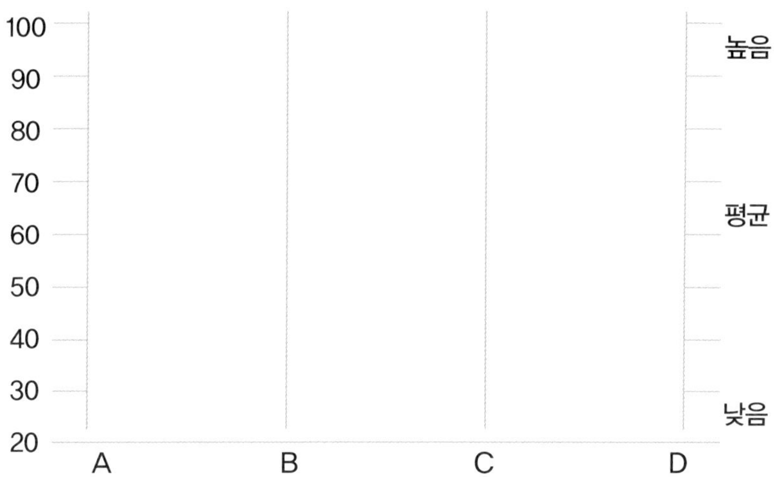

⊙결과

A점수가 높았다면 D형/ B점수가 높았다면 I형

C점수가 높았다면 S형/ D점수가 높았다면 C형

3. 불만고객 응대

클레임(claim)과 컴플레인(complain)

고객이 제품이나 서비스에 만족하지 못한 상태로 불만을 표현하는 원인에 따라 클레임과 컴플레인으로 구분한다. 컴플레인의 경우 고객의 주관적인 평가로 식당에서 음식 맛에 대한 불만족이나 직원의 태도가 불친절하거나 서비스에 불평을 표현하는 것으로 즉시 행동이나 내부의 조치에 의해 해결될 수 있는 것이다. 반면 클레임은 어느 고객이나 제기할 수 있는 객관적인 문제에 대한 평가로 예를 들어 식당에서 음식에 이물질이 나왔다거나 주문한 지 오랜 시간이 지났거나 주문한 메뉴와 전혀 다른 음식이 나오는 등 고객의 불만사항에 해결책을 제시 및 보상해야 하는 경우를 뜻한다. 이러한 문제를 해결하기 위해서는 고객의 정확한 요구상태를 파악하고 신속하게 해결함과 동시에 진심으로 사과하는 마음을 전달해야 한다.

고객 불만 발생의 주요 원인

고객 불만의 주요 원인은 나날이 높아지는 고객의 기대에 제공된 서비스 결과가 고객의 기대치에 미치지 못해 발생한다.
고객 불만 발생의 주요 원인을 분류해 보면 크게 회사 문제, 고객 자신의 문제, 직원 문제로 나누어볼 수 있다. 이 중 고객 불만이 발생되는 가장 큰 원인은 직원들의 고객 응대 과정에서 비롯되는 것으로 조사되었다. 즉 직원의 응대가 불친절하거나, 규정만 내세우는 안내, 업무처리 미숙, 타 부서로의 책임회피로 인한 불만이 전체 대비 65%로 가장 많이 발생되는 것으로 나타났다.

불만고객의 중요성

① 상품의 결함이나 문제점을 조기에 파악할 수 있다

문제가 확산되기 전에 미리 해결할 수 있다.

② 구전의 효과를 최소화한다

불만고객은 주변 사람들에게 자신의 경험을 이야기하는데 이러한 부정적인 구전을 최소화하기 위하여 불만고객이 직접 기업, 판매업자나 종업원에게 불평하도록 접근 방법을 용이하게 한다.

③ 불만을 제기한 고객은 기업에 유용한 정보를 제공한다

고객의 미충족 욕구 또는 부족한 제품이나 서비스에 대한 개선점을 알 수 있는 계기가 될 수 있다.

④ 고객의 불만이 잘 해결되면 고객의 3/4은 재구매를 한다

고객유지율이 늘어나 이윤을 높일 수 있다. 기존의 고객만 잘 관리해도 신규 고객 확보에 들어가는 비용을 줄일 수 있다.

불만고객 응대의 기본원칙

① 피뢰침의 원칙

건물에 있는 피뢰침은 번개를 직접 맞지만 상처를 입지 않을 뿐 아니라 건물까지도 아무런 상처가 없도록 번개를 땅으로 흘려보낸다. 고객이 불만을 제기할 때 역시 나에게 개인적인 감정이 있어서 화를 내는 것이 아니라 일처리에 대한 불만으로 복잡한 규정과 제도에 대해 항의하는 것이다. 불만고객을 응대할 시 피뢰침과 같이 직접 불만이 섞인 다양한 내용을 회사나 제도에 반영한 후 본인 또한 상처받지 않고 땅속으로 흘려보내야 할 것이다.

② 책임 공감의 원칙

고객의 비난과 불만이 나를 향한 것이 아니라고 하여 고객의 불만족에 대해 전혀 책임이 없다는 말은 아니다. 조직구성원의 일원으로 내가 한 행동의 결과이든 다른 사람의 일처리 결과이든 고객의 불만족에 대한 책임을 같이 져야만 한다. 고객에게는 누가 담당자인지가 중요한 것이 아니라 자신의 문제를 해결해 줄 것인지 아닌지가 중요하기 때문이다.

③ 감정통제의 원칙

불만을 흥분하며 표출하는 고객과 맞서 감정적으로 응대하기보다는 고객보다 자신을 통제하여 응대해야 한다.

④ 언어절제의 원칙

고객 상담에 있어서 말을 많이 하는 것은 금기다. 고객보다 말을 많이 하는 경우 고객의 입장보다는 자신의 입장을 먼저 생각하게 되기 때문이다. 고객의 말을 많이 들어주는 것만으로 불만에 대한 느낌과 이미지가 어느 정도 해소될 수 있다.

⑤ 역지사지의 원칙

고객의 입장을 이해하기 위해 고객의 입장에서 문제를 바라볼 필요가 있다. 이러한 관심은 고객에게 전달되어 원만하게 해결될 수 있는 실마리를 제공할 수 있다.

⑥ 불만고객 처리 원칙

우선 사과의 원칙	고객은 이미 화가 나 있는 상태로 다른 어떤 변명보다도 우선 정중히 사과를 해야 한다.
원인 파악의 원칙	원인을 우선 파악해야 한다.
신속 해결의 원칙	가능한 빠른 시간 내에 해결한다.
불논쟁의 원칙	고객과 논쟁하여 문제를 키우지 않는다.

불만고객 응대 MTP기법

① **Man** 사람

불만고객은 자신의 문제를 해결해 줄 수 있는 사람과 대화하길 원한다. 최초 응대자는 본인이 해결할 수 있는 문제인지, 어느 선에서 해결이 가능한지를 먼저 생각하여 해결 가능한 책임자를 선정해야 하며 가능한 불만고객이 불만을 여러 번 말하는 번거로움을 주어서는 안 된다.

② **Time** 시간

불만을 가진 고객은 흥분된 상태이기 때문에 바로 이야기를 나누는 것보다 시간적 여유를 둔다. 고객의 불만은 어느 정도 시간이 지나면 가라앉기 때문이다. 그렇다고 너무 오래 기다리는 것은 바람직하지 않다. 문제를 해결하기 위해 어느 정도의 시간이 소요되는지 안내해야 하며, 응대자 또한 이 문제를 언제까지 해결할 것인지 먼저 생각하고 결정해야 한다.

③ **Place** 장소

고객이 처음 불만을 제기하는 경우 보통은 오픈된 공간에서 진행되는 경우가 많다. 불만고객은 다른 고객이 보는 오픈된 공간에서 큰 소리로 불만을 토로하지만 그와 동시에 창피함을 느낀다. 그렇기 때문에 큰 소리로 불만을 토로하면서도 자신을 빨리 다른 사람이 없는 곳으로 안내해 주길 원한다. 또한 불만고객의 큰 소리는 다른 일반 고객에게도 불만을 만들 수 있기 때문에 불만고객이 불만을 토로하면 상담실로 안내하며 자리를 이동해 주는 것이 좋다. 또한 자리를 이동하면서 불만고객의 불만은 시간적 여유를 가질 수 있어 시간의 변화를 주는 효과도 함께 가져올 수 있다.

불만고객 응대 7단계

1단계 : 사과(먼저 사과한다.)

2단계 : 경청(고객의 불만 사유를 듣는다.)

3단계 : 원인 파악(불만의 원인이 무엇인지 파악한다.)

4단계 : 대책 강구(고객의 입장에서 대책을 강구한다.)

5단계 : 방법 제시(처리방법을 안내한다.)

6단계 : 실행(즉각 실행한다.)

7단계 : 감사 표현(문제가 해결되었는지 고객에게 확인하고 감사 표현을 한다.)

불만고객 해결 HEAT기법

① **H** Hear them out

고객으로 하여금 불만사항을 다 털어놓을 수 있게 끝까지 들어주며, 중간에 변명을 하거나 말을 가로막는 것, 건성으로 듣거나 불성실한 태도를 보이지 않도록 한다.

② **E** empathize

고객의 분노를 깊이 공감해 주며, 불만을 충분히 들어준다. 이때는 선입견을 버리고 고객의 입장에서 관심을 기울이며 듣도록 한다.

③ **A** apologize

정중하게 사과한다. "고객님, 불편을 끼쳐드려 정말 죄송합니다."

④ **T** take responsibility

문제의 해결책을 검토하며, 자신이 파악한 문제의 원인이 맞는지 고객과 확인한다. 문제의 해결방안이 마련되면 친절하고 신속하게 불만을 처리한다.

4. 서비스 커뮤니케이션의 원칙

① 배려

- 서비스 커뮤니케이션은 나와 우리가 아닌 상대에 초점을 맞추어 대화를 나누는 것
- 상대가 말하는 속도가 느리면 약간 느리게, 빠르면 나도 빠르게 조절해서 대화를 나누어야 하며 상대의 눈높이에 맞추어 맞는 용어와 표현방법을 사용할 것
- 정중한 용어로 응대할 것

② 간결

- 간결하고 논리적으로 전달하는 것도 중요
- 불필요하거나 반복하거나 장황한 설명을 함으로써 대화가 지루해지지 않도록 주의
- 관련된 사실만을 표현하도록 하며, 평소 단문으로 이야기하고 결론부터 말하고 부연설명을 하는 등 간결하게 말하는 연습을 하는 것이 효과적임

③ 명확

- 속도 · 억양 · 성량을 상대방이 듣기 좋도록 조절
- 누구라도 알아들을 수 있는 쉬운 어휘나 용어를 사용
- 대화는 말을 잘하는 것보다는 상대가 잘 알아듣도록 말하는 것이 중요하다.
- 전문용어의 사용을 자제하고 이해하기 쉬운 용어를 사용하여 명확하게 전달하는 것이 중요하다.
- 대화를 할 때 어떤 표현을 쓰는가는 매우 중요하다. 똑같은 내용이라도 어떤 어휘를 사용하여 표현하느냐에 따라 전달되는 이미지는 매우 달라지기 때문이다.
- 친밀감을 주면서도 정중한 표현을 사용하여 대화해야 한다.
- 은어나 속어와 같이 특정 집단이 사용하는 말이나 지나친 농담, 말의 의미가 전달되지 않게 줄인 말 등의 사용을 금하고 재치 있고, 품위 있게 대화할 수 있도록 한다.

5. 세일즈 화법 활용법

PREP 화법

말하기뿐만 아니라, 듣기에서도 상대가 말하는 요점을 정확하게 파악할 수 있게 해주는 PREP 화법은 대중 연설은 물론, 기사 작성, 일상 대화, 업무 보고 등 매우 설득력을 높여주는 화법이다.

Point(주장) : 짧고 명료하게 결론을 말한다.
Reason(이유) : '왜냐하면'의 근거를 제시한다.
Example(예시) : 사례를 든다.
Point(주장) : 다시 결론을 강조한다.

● 베트남 시장 진출을 검토하라는 사장의 지시에 실무담당자로서 다음 기회에 해야 한다고 사장을 설득하려면 어떻게 말해야 할까?

Point(주장)

사장님, 저는 이번 베트남 진출을 좀 미루는 것이 어떨까 생각합니다.

Reason(이유)

왜냐하면 최근 베트남의 정책이 바뀌어 각종 혜택이 사라지고 있기 때문입니다. 세금 이슈도 강력하게 제기되고 있고 더구나 인건비도 상승 중입니다.

Example(예시)

실제로 A상사도 세금 문제 때문에 이러지도 저러지도 못하는 상황이라고 합니다. 또한 B상사는 철수를 결정했다고 합니다.

Point(주장)

그렇기 때문에 베트남 진출을 급하게 서두르는 것보다 올해까지는 상황을 지켜보는 것이 좋을 것 같습니다.

이처럼 PREP 화법은 나의 주장을 다양한 방법 즉, 근거와 이야기로 전하고 다시 강조하는 방법으로 과학적으로나 실증적으로 입증된 최고의 설득법이다.

신뢰 화법

상대방에게 신뢰감을 줄 수 있는 대화법이다. '다까체'와 '요죠체'를 적절하게 활용하는 방법이다. 다까체는 정중한 느낌을 줄 수 있으나 딱딱하고 형식적인 느낌을 줄 수 있다. 반면에 요죠체의 과다 사용은 신뢰감을 떨어뜨릴 수 있다. 다까체와 요죠체는 신규 고객에게는 7:3의 비율로 사용하는 것이 적절하다.

> 정중한 화법 70% : ~입니다. ~입니까?(다까체)
> 부드러운 화법 30% : ~에요, ~죠?(요죠체)

쿠션 화법

쿠션 화법이란 상대방의 감정을 덜 다치게 하며 공손하게 대화하는 화법이다. 단호, 단정적인 표현보다는 미안함의 마음을 먼저 전하며 원만하고 부드럽게 대화를 이끌어 나갈 수 있다.

> "죄송합니다만" "실례합니다만" "번거로우시겠지만" "괜찮으시다면"

YES BUT 화법

상대방에게 반대의 의견을 전달해야 할 때, 간접적인 부정형 화법으로 상대방의 입장을 먼저 수용하고 긍정한 후 의견과 생각을 표현한다. 적절한 대화를 위해서는 상대방이 나와 다른 주장일지라도 상대빙의 생각에 먼저 공감한다는 의사 표현을 한 뒤에 나의 입장을 이야기한다면 대화의 질도 높아질 것이다.

"예 맞습니다. 그러나 저의 생각은 ~"

나 전달 화법

주어가 일인칭인 '나'로 시작하는 문장으로 말을 할 때 나의 입장에서 나를 주어로 하여 내가 관찰하고, 생각하고, 느끼고, 바라는 바를 표현하여 이야기하는 화법이다. 상대와 관련된 문제를 해결하기 위한 대화를 시작해야 할 때 주로 사용되며 자신이 느끼는 감정과 생각을 직접적으로 솔직하게 표현하여 부드럽게 전달되도록 한다.

I-message화법 = 문제행동 + 행동의 영향 + 느낀 감정
예) "너 또 늦었어? 제정신이야?"(너 전달 화법 YOU-message)가 아닌 "난 네가 늦어서 혹시 무슨 일이 있나 걱정했잖아."(나 전달 화법 I-message)로 표현하는 방법이다.

아론슨 화법

미국의 심리학자 아론슨(Aronson)의 연구에 의하면 사람들은 비난을 듣다 나중에 칭찬을 받게 됐을 경우가 계속 칭찬을 들어온 것보다 더 큰 호감을 느낀다고 한다. 어떤 대화를 나눌 때 부정과 긍정의 내용을 말해야 할 경우 이왕이면 부정의 내용을 먼저 말하고 긍정의 내용을 나중에 말하는 편이 효과적이다.

예) 가격이 비싸네요.
가격이 비싼 만큼 품질이 최고입니다.

제 4 장 관계 커뮤니케이션

1. 경어와 존경어

경어란 상대를 공경하는 뜻의 말로 '높임말'이다. 존경어는 사물이나 사람을 높여 부르는 말이다. 그런데 요즘은 잘못된 높임말이 아주 많다. "고객님, 커피 나오셨습니다" "우 과장님, 한 대리님께서 회의시간을 2시로 하면 어떠하겠냐고 말씀하시는데요?"

경어를 지나치게 많이 사용한다고 해서 상대를 더 많이 존경하는 게 아니다. 필요 이상으로 경어를 사용한다는 것은 오히려 불편하고 실례이며 그렇게 말하는 사람에 대한 이미지도 좋지 않다.

- **예시**

"우 과장님, 한 대리님께서 회의시간을 2시로 하면 어떻겠냐고 말씀하시는데요?"

- **정정**

"우 과장님, 한 대리가 회의시간을 2시로 하면 어떻겠냐고 합니다. 어떠신가요?"

또한 대외적인 사람과 미팅을 할 때 나의 상사에 대한 이야기가 나왔다면 이때는 존경어를 사용하지 않는다. 다만, 상사의 가족이나 관련 인물들과의 대화라면 존경어를 사용한다.

● **예시**
"우 과장님과 한 대리님께서 유럽 출장을 같이 가셔서 안 계십니다."

● **정정**
"우 과장은 한 대리와 같이 유럽 출장을 가서 자리에 없습니다."

2. 상급자를 대할 때

- 상하관계의 기본을 지킨다. 항상 겸손한 자세로 상대방을 공경하는 마음을 잊지 않는다. 상사의 명령을 따르고, 그의 입장을 존중하고 예의를 갖추는 것은 필수이다.
- 상사나 선배가 부를 때는 '예'라고 대답하고 만약 앞에 서서 말을 건넸다면 재빨리 자리에서 일어선다. 항상 필기도구를 준비하여 지시사항을 기록하고, 다시 확인한다.
- 정해진 보고, 지시사항 등은 꼭 실행해야 한다.
- 업무가 지연될 때는 반드시 중간보고를 한다.
- 무엇이든 적극적으로 배우려는 자세로 임한다. 업무 중에 생기는 의문은 바로바로 질문한다. 그러나 질문하기 전에 스스로 연구하거나 조사하는 자세도 필요하다.
- 상사로부터 주의를 듣거나, 꾸지람을 들을 때는 순응하며 듣는 것이 매너의 원칙이다.
- 자신의 의견을 말할 때는 처음부터 부정적인 반응을 보이지 말고 일단은 상대방의 생각을 긍정적으로 받아들인 다음, 다른 방법을 응용하는 것이 어떨지 물어보는 식으로 표현한다. 예를 들어 "과장님이 말씀하신 OO라는 방법이 옳다고 생각합니다만, 저는 ΔΔ로 해도 괜찮을 것 같은데, 과장님 생각은 어떠신가요?"라고 표현한다.

3. 동기&동료를 대할 때

- 직장에서 만나는 동료나 동기는 스스럼 없이 사귈 수 있는 사람이다. 하지만 중요한 것은 이들을 대할 때, 친구가 아닌 비즈니스 파트너로서 적당한 선을 지켜야 한다는 점이다.
- 지나치게 정중하게 대할 필요는 없지만 올바른 어법과 인사는 필수이다. 아무리 친하더라도 직장 내에서 이름이나 닉네임을 부르는 것을 삼가야 한다.
- 마음이 통하는 상대와는 허물없이 지내기 마련이다. 하지만 함께 일하는 상사의 험담을 나누는 것은 금물이다.
- 소속 부서에서 얻은 정보는 유출하지 않는다. 회사의 기밀사항이나 개인정보는 아무리 친한 동기에게라도 절대 발설해서는 안 된다. 고급정보를 취급하는 부서에 몸담고 있을수록 더욱 조심해야 한다.

4. 하급자를 대할 때

- 상대가 후배나 부하 직원이라고 해서 거드름을 피우는 등의 태도는 금물이다. 또한 선배라는 이유로 지나치게 무게를 잡아서도 안 된다.
- 업무를 지시했다면 진행사항을 확인하고 충고를 해주는 등 피드백도 게을리하지 말아야 한다. 결과가 좋을 때나 업무 면에서 성장하는 모습을 보였을 때는 반드시 칭찬해 준다.
- 주의를 줄 때는 다른 사람 앞에서 혼내지 않는다.
- 타인과 비교하며 꾸중하지 않는다. 다른 사람과 비교당했을 때 기분 좋을 사람은 없다. "나도 그런 적이 있었는데 ~해서 잘 해결했어"라고 자신이 실수했던 이야기를 들려주면 상대도 공감할 것이다.
- 꾸중한 후에는 너무 오랫동안 긴장상태를 만들지 않는다. 지나치게 화를 냈다고 생각하면 "그때는 심하게 말해서 미안했다"라며 사과

한다. 또한 꾸중했던 사안에 대해 개선하는 모습이 보이면 어떤 점이 좋았는지를 칭찬해 준다.

5. 올바른 호칭과 대화 예절

상급자에 대한 호칭

- 상급자의 성과 직급 다음에 존칭을 붙인다.(예: 김 부장님, 이 과장님)
- 성명을 모르거나 직속상사의 경우에는 직급에 '님'이라는 호칭을 붙여 부르면 된다.(예: 부장님, 과장님)

동급자에 대한 호칭

- 직급이 같은 동료는 성과 직급을 붙여 부르도록 한다. 직책이 없는 경우에는 ' OO씨'라고 부른다.
- 먼저 입사했거나 나이가 많은 경우에는 성과 직급 다음에 존칭을 한다.
- 직급이 없는 입사 선배에게는 'OOO선배님'이라고 성을 붙여서 부른다.

하급자에 대한 호칭

- 직책이 있는 하급자는 성과 직급을 붙여 부른다.(예: 김대리)
- 직책이 없는 하급자는 'OOO씨'라고 부른다.
- 하급자라도 나이가 많은 경우에는 적절한 예의를 갖추는 것이 필요하다.

실수하기 쉬운 호칭예절

- **윗사람에게 말할 때 그 사람보다 낮은 윗사람은 존대하지 않는다.**

  사장님께 부장의 지시를 보고할 때

  예 : 부장님이 지시하신 내용입니다.(X), 부장이 지시한 내용입니다.(O)

- **압존법**

  높여야 할 대상이지만 듣는 이가 더 높을 때 그 공대를 줄이는 어법. 사람이 아닌 사물 등에는 높임을 적용하지 않는다.

  예 : 부장님 말씀이 계시겠습니다.(X), 부장님께서 말씀하시겠습니다.(O)

  사장님실(X), 사장실(O) 문서상에도 높임을 적용하지 않는다.

  예 : 부장님 특별지시(X), 부장특별지시(O)

6. 직장인의 기본 대화 매너

- 항상 바른 경어를 사용한다.
- 호칭을 올바르게 사용한다.
- 누군가 부르면 '예'라고 대답하고 그쪽을 보거나 이동한다.
- 유머를 넘어 비속어, 은어 등 업무상 천한 말씨를 쓰지 않는다.
- 다리 떨기, 머리카락 만지기, 창밖 보기, 두리번거리기 등 산만한 태도는 피한다.
- 업무 중 사적인 말을 자제하되 업무 중인 사람에게 방해가 되지 않는지 기회를 봐서 대화를 시도한다.
- 대화 거리는 60~70cm가 이상적이다.

TIP! 상식 더하기

직무 : 직업상 담당자에게 맡겨진 임무, 즉 하는 일을 말한다. 예를 들어 인사, 기획, 홍보, 회계 등

직함 : 직위와 직책을 통틀어 일컫는 말. 예를 들어 ○○○센터장을 맡고 있는 ○○상무/ ○○그룹장을 맡고 있는 ○○부장 등

직책 : 직위에 있어서 구체적인 권한과 책임을 동반하면서 보직이 부여되어 있는 경우를 말한다. 예를 들어 마케팅 팀장, 본부장, CEO, CFO 등

직급 : 직무의 종류, 난이도, 권한과 역할, 책임의 정도가 비슷한 직위를 한데 묶어 분류한 것. 직무의 등급을 뜻함. 공기업에서 많이 사용하며 '호봉제'가 적용

제 5 장 업무 커뮤니케이션

1. 부하에게 업무지시를 할 때

업무를 지시하거나 보고를 받는 등 비즈니스 현장에서 커뮤니케이션의 가장 중요한 목적은 '정보를 정확하게 전달하는 것'이다. 정확한 정보를 전달하기 위해 "5W3H(When, Who, Where, What, Why, How, How much, How many)"로 전하고자 하는 내용을 명확하게 정리하는 것이 중요하다.

5W3H법칙은 대화할 때뿐만 아니라 문서를 작성할 때 사용하면 전달할 내용을 빠짐없이 사전에 검토해 볼 수 있다.

- 지시를 내릴 때 가장 중요한 것은 '상대방이 쉽게 이해할 수 있도록 전달' 하는 것이다.
- 지시를 내리고 업무를 의뢰할 때는 업무내용, 목적, 기간 등을 확실하고 구체적으로 언급해야 한다.
- 지시한 내용은 복창시킨다. 지시한 내용은 메모하도록 시키고 마지막에는 복창하도록 해서 다시 한 번 확인한다.
- 진행상황을 확인한다. 지시를 내리기만 해서는 안 되고, 어떤 식으로 진행되고 있는지 종종 확인해야 한다. 단 지나치게 간섭하지 않도록 주의한다.

- 지시한 업무를 끝낸 후에는 "고마워" "수고했어" 등의 말을 해주는 것이 좋다.

2. 상사에게 업무지시를 받을 때

- 반드시 지시했던 당사자에게 보고한다.
- 보고하기 전에는 먼저 상사에게 시간을 내줄 수 있는지 확인하고 어떤 보고를 할 것인지에 대해 간략하게 설명한다.
- 보고하기 어려운 사안일수록 먼저 보고한다. 실수나 말하기 꺼려지는 일, 결과가 좋지 않은 일일수록 신속하게 보고한다. 자신이 어떻게든 해결해 보려고 시간을 끌다가 사태가 더욱 악화되는 경우가 생긴다. 사실을 있는 그대로 전달하여 선후책을 강구한다.
- 결과부터 이야기한다. 결과를 먼저 이야기하고 나서 그 이유와 경과 순으로 전달하는 것이 보고의 기본이다. 또한 상사에게도 자신의 업무가 있으므로 보고는 짧게 한다.
- 5W3H를 적용하여 보고한다. 언제, 누가, 무엇을, 얼마나 등의 요점을 정리하여 구체적으로 전달한다. 특히 수량이나 금액과 관련된 경우에는 요점 정리가 중요하다.
- 문서로도 보고한다. 구두 보고를 하더라도 보고서는 반드시 문서화해 둔다. 구두 보고를 끝내고 준비해 두었던 문서를 전달하면 상사가 메모해야 하는 수고를 덜 수 있고, 후일에 보고 여부를 두고 논쟁이 생기는 것도 막을 수 있다.
- 업무가 지연되어 독촉을 받았다면 "보고가 늦어서 죄송합니다"라고 사과한 후 간결하게 중간보고를 한다.

3. 업무관련 연락과 이메일 매너

- 상황을 정확하게 이해하고 파악한 후에 전달한다. 정보를 제대로 이해하고 전달했을 때 상대방도 쉽게 납득할 수 있다.
- 보고는 물론이고 연락도 신속하게 전달하는 것이 기본이다.
- 연락하기로 약속한 사항은 최우선적으로 처리한다.
- 외출 시, 부재 시에는 의무적으로 회사에 자주 연락한다. 상사나 주변 사람과 긴밀한 연락을 취하여 현재의 업무상태를 파악해 두면 예정에 없었던 용건에도 바로 대처할 수 있고, 다음 업무도 수월하게 처리할 수 있다. 특히 여러 사람이 공동작업을 진행할 경우 긴밀한 연락의 중요성은 더욱 커진다.
- 다른 사람에게 전언을 남긴 후에는 반드시 확인을 한다. 연락하고자 하는 상대가 부재중일 때는 전언을 남긴다. 단 중요한 연락일 경우에는 전언이 제대로 전달되었는지 반드시 나중에 본인에게 확인한다.
- 중요한 연락이라면 모든 수단을 동원한다. 급하고 중요한 내용이라면 반드시 본인에게 구두로 확인해야 한다. 직접 구두로 전달했다 하더라도 나중에 메모나 메일로 숫자나 장소, 일시 등의 상세한 내용을 전달해야 완벽한 연락이라고 할 수 있다.

이메일 비즈니스 매너

이메일은 비즈니스 커뮤니케이션의 기본 수단이다. 정보통신의 발달로 시간과 장소에 구애받지 않고 온라인상의 메일을 주고받을 수 있다. 사진, 동영상, 한글 파일 등 다양한 자료를 첨부하여 더욱 스마트한 업무처리가 가능하게 되었다.

① 이메일 작성

● 비즈니스 이메일의 6가지 구성요소

- 수신인 : 이메일의 첫 번째 요소는 누구에게 전달되는가, 즉 수신인을 결정하는 것이다. 메일을 받는 사람은 수신인, 참조인, 비밀참조인의 3가지가 있다. 어디에 이름이 있는가에 따라 작성자가 요청하는 메시지가 달라질 수 있다.
- 이메일 제목 : 이메일은 제목이 곧 내용이다. 제목만 봐도 내용을 예측할 수 있게 써야 한다. 목적이나 주요 내용을 간단 명료하게 표현한다. 제목 앞에 [회의] [보고] [공유] [공지] [답신] [필독] 등을 넣는 것은 상대를 배려한 좋은 제목이라 볼 수 있다.
- 인사말/도입부 : 도입부는 이메일 내용의 핵심이 잘 전달되고 회신을 받을 수 있는 이메일이 되기 위해서는 중요한 요소이다. 상대방이 본문의 내용을 읽지 않아도 도입부를 통해 이메일의 목적과 결론 즉 핵심을 파악할 수 있다.
- 본문 : 짧고 간결하며 핵심사항을 간단명료하게 전달한다. 가장 중요한 메시지를 정리하고 유사한 내용을 묶어서 본문1, 본문2, 본문3의 순서로 정리한다. 오타와 틀린 맞춤법, 그리고 이모티콘과 줄임말의 남발은 전문성과 신뢰도를 떨어뜨리는 마이너스 요인이다.
- 끝인사/추신 : 상대에게 우호적인 느낌을 주기 위해 인사말을 꼭 쓴다. 특히 대외로 보내는 이메일이라면 첫인사와 끝인사를 반드시 잘 쓸 필요가 있다. 추신은 상대로 하여금 단순한 비즈니스를 넘어서 친밀감과 관계 유지에 많은 도움이 되는 전략적 공간이다.
- 서명 : 서명은 이메일의 명함과 같다. 특히 이메일을 처음 보내면서 서명에 담기게 되는 직급, 팀, 연락처 등의 정보가 없는 경우 수신자는 회신에 어려움이 생길 수 있다. 잘 만들어진 이메일의 서명은 공적 이미지를 높여주는 효과가 있다.

② 이메일 답신

- 신속한 답장 보내기 : 이메일의 회신은 늦어도 8시간 이내에 보내야 한다. 만약 시간이 많이 걸릴 것으로 생각된다면 이메일을 잘 받았다는 것과 언제까지 회신을 주겠다는 답을 보내야 한다.
- 효과적인 'Re' 활용
  - 상대방이 보낸 메일에 대해 회신할 경우 상대가 쉽게 알 수 있도록 Re가 표시되도록 한다.
  - 관련된 추가 내용을 계속 주고받을 때에도 혼돈이 없다.
  - 새로운 용건일 경우에는 메일을 새로 작성한다.

③ 파일첨부의 3가지 원칙

- 파일명 작성 : 상대가 파일을 열어보지 않고도 내용을 알 수 있게 파일명을 작성한다.
- 첨부파일의 용량 최소화 : 가급적 용량을 줄이거나 첨부파일이 많을 경우 압축 파일을 활용한다. AVI파일은 WMA로, BMP파일은 JPG 파일 등으로 변환해서 보내면 용량이 줄어든다.
- 파일첨부 여부 확인 : 첨부파일을 빠뜨릴 경우 일처리가 꼼꼼하지 못하다는 모습을 보일 수 있으므로 이메일을 보낼 때는 파일을 제대로 첨부했는지 첨부한 파일이 잘 열리는지도 꼼꼼히 체크한다.

④ 이메일 주소 주의사항

- 이메일 주소는 비즈니스의 시작이자 첫인상이다.
- 이메일 주소를 만드는 가장 중요한 목적은 사용하는 사람의 정체성을 드러내는 것이다. 아이디를 봤을 때 이름이 즉각적으로 연상되어야 한다.
- 숫자나 기호가 여러 개 들어가면 상대방이 이메일을 보낼 때 잘못 입력하는 실수를 범할 수 있다.

직장인이라면 회사에서 사용하는 업무용 이메일 주소를 사용한다. 개인용 이메일 주소를 사용하면 전문성이 떨어져 보이는 것은 물론이고 브랜딩에 전혀 신경 쓰지 않는 회사로 보일 수 있다.

4. 회의 매너

비즈니스 상황에서 원활한 의사소통이나 일 처리를 위해 다양한 종류의 회의를 진행하게 된다. 정보 교환을 목적으로 다수의 사람들이 모여 의논하는 자리를 가리켜 일반적으로 회의한다는 표현을 사용한다. 회의에서 다른 사람의 의견을 들을 때나 발언할 때는 상황에 따라 배려가 필요하다. 참가자 전원이 기분 좋게 회의에 참석할 수 있고 활발하게 의견을 교환할 수 있는 의미 있는 회의 분위기를 만들 수 있는 규칙과 매너에 대해 알아보자.

- 절대 지각해서는 안 된다. 회의시작 5분 전에 회의실에 착석하는 것이 매너다. 피치 못할 사정으로 지각했다면 조용히 노크하고 목례를 한 후에 출입구 근처의 하석에 앉는다.
- 사내 회의라고 해도 적당한 긴장은 필요하다. 회의의 규모나 분위기에 따라 다르지만 먼저 옷매무새를 가다듬는다.
- 회의를 시작하기 전에 가볍게 인사를 나누거나 대화를 통해 화기애애한 분위기를 조성한 뒤에 회의를 진행하도록 한다.
- 발언자의 의견을 들을 때는 고개를 끄덕이는 등의 반응을 보여준다. 자료만 보는 것은 실례되는 행동이다.
- 질문을 하고 싶거나 의견을 제시하고 싶어도 다른 사람이 이야기를 하고 있을 때는 끼어들지 말고 끝까지 들어준다.
- 메모를 한다. 중요한 수치나 다른 발언의 요점을 메모하면 후에 자신이 발언할 때 도움이 된다.

- 의견을 말할 때는 결론부터 이야기하고 그에 대한 이유를 간결하게 설명한다. 내용은 5W3H에 입각하여 논리적으로 정리한다.
- 필요한 경우에는 데이터나 자료를 제시한다. 중요한 것은 발언할 때 근거를 확실히 제시해야 하며 "아마도"라든가 "제가 느끼기에는"과 같은 추측성 의견은 삼간다. 또한 "~할 것 같다"는 어미도 불확실한 미래를 나타내는 말로 자신감이 결여 되어 보인다. "~할 것으로 전망됩니다." "할 것이라 예상됩니다."와 같이 미래를 예측하는 확실한 표현이 상대방에게 확신을 주고 신뢰감을 줄 수 있다.
- 발언이 끝나면 "질문받겠습니다"라고 말한다. 회의는 의견 교환의 장이므로 다른 참가자의 의견이나 질문을 듣는 것도 중요하다.
- 참가자 전원이 서로의 의견을 존중하며 좋은 발언자, 좋은 청자가 되는 것이 회의에서 가장 이상적인 매너이다.

5. 출장 매너

- 출장을 갈 때는 여행 목적을 정확히 파악하고 사전에 치밀한 출장 계획을 세워야 한다.
- 출장 명령을 받았을 때는 출발 전에 반드시 출장을 가게 되었다는 사실을 상사나 동료에게 알리는 것이 예의이다. 상사로부터 빠뜨린 사항이나 추가 지시가 있을 수 있으며, 동료들에게는 자신의 출장기간 동안 업무에 지장이 없도록 하여 폐를 끼치지 않게 한다.
- 목적지에서의 일정표를 작성하고, 업무 수행에 필요한 서류나 지식을 준비한다. 일정표를 짤 때는 상사나 선배, 동료의 의견이나 도움을 청하는 것이 바람직하며 예절 바른 마음가짐이다.
- 여행을 떠나기 전에 반드시 휴대품을 점검한다. 여행 중에 필요한 것은 빠짐없이 준비하되 가급적이면 부피가 나가지 않도록 요령 있게 준비한다.

- 복장은 되도록 간편하고 활동적인 것이 좋다.
- 목적지에서 며칠 동안 체류해야 할 경우 숙소를 미리 예약하지만, 그렇지 못한 경우에는 도착하는 즉시 숙소를 정하는 것이 회사와의 연락 등 여러모로 좋다.
- 차표나 비행기표 등은 가급적 왕복표를 미리 구입하는 것이 훨씬 경제적이며 안전하다. 만약 도중에 계획이 변경되면 지체 없이 회사에 연락해야 한다.
- 정해진 출장 기간 안에 목적을 완수하였을 때는 남은 시간을 유익하게 활용하도록 한다.
- 출장에서 돌아오면 우선 상사에게 구두나 전화로 보고하고 차후에 공식 보고서를 제출해야 한다.

제 6 장 관계를 더하는 플러스 화법

1. 칭찬의 기술

칭찬 화법의 순기능적 효과

칭찬의 사전적 의미는 '사람이 다른 사람의 행동이나 특성, 또는 이룬 일을 좋거나 훌륭하다고 말하거나 높이 평가하는 것'이다. '칭찬은 고래도 춤추게 한다'라는 말이 있듯이 칭찬은 인간관계를 부드럽게 하는 보약과도 같다.

칭찬 화법 시 주의사항

① 그 사람의 소유가 아닌 재능을 칭찬하라.
② 결과보다는 과정을 칭찬하자.
③ 타고난 재능보다는 의지와 노력에 대해서 칭찬하라.
④ 칭찬은 바로! 즉시하자.
⑤ 큰 것보다는 작은 것에 대한 칭찬을 하자.
⑥ 애매하지 않게 구체적인 칭찬을 하라.
⑦ 공개적으로 칭찬하라.
⑧ 작은 보상도 함께하는 칭찬은 금상첨화이다.

2. 경청의 기술

경청이란, 귀를 기울여 말 소리만 듣는 것이 아니라, 철저하게 '나' 중심이 아닌 '상대'의 입장이 되어 상대방 감정이나 생각까지 파악하며 듣는 것이다.

[자기 객관화 작업-셀프 경청 습관 성찰하기]

*평소 주변 사람들과의 대화 시 경청을 잘 하고 있다고 느끼는 것과 그렇지 못하다고 느끼는 것을 구체적으로 적어보자.

잘 하고 있는 것	좀 더 보완할 것

경청하는 나의 태도에 대해 한마디로 정의해 보자.

[경청지수 셀프 체크]

*평소 경청에 대한 나 자신을 객관화하여 해당되는 문항에 체크를 해본다.

No	문항	체크
1	흥미가 없는 대화에서는 자연스럽게 화제 전환을 유도한다.	
2	듣는 것보다 말하는 것을 더 좋아하지만 듣기 위해 말을 아끼며 노력한다.	
3	상대방의 표정이나 자세를 살피면서 대화를 이어나간다.	
4	대화를 나눌 때 상대방과 눈맞춤을 하려고 노력한다.	
5	상대방의 말을 듣고 판단하여 조언하는 것을 좋아한다.	
6	듣고 있다는 것을 다양한 리액션을 통해 표현한다.	
7	대화 시 궁금한 것이 있으면 질문을 한다	
8	비언어적 표정과 자세를 수시로 인식하고 변화를 주려 노력한다.	
9	우와~ 음~ 오~ 정말~ 진짜 등과 같은 언어 반응을 잘 보인다.	
10	상대의 말의 내용뿐만 아니라 감정상태까지 고려하며 대화를 한다.	

⊙결과

8개~10개 : 경청의 달인으로 진심이 통하는 대화가 가능

7개~6개 : 상대방과 비교적 원활한 대화가 가능

5개~4개 : 듣는 척만 하는 대화

3개 미만 : 전혀 집중하지 않는 대화

경청을 방해하는 것

① 듣기보다 말하는 것에 집중

인간은 본능적으로 말하는 것을 좋아한다. 하지만 원활한 커뮤니케이션을 위해서는 말하는 것보다 상대방의 말을 경청하라.

② **습관적 비몰입**

대화 중에도 우리 뇌의 3/4은 작업 수행 없이 놀고 있는 상태라고 한다. 따라서 상대방과의 대화 시 경청하려는 의지를 갖지 않으면 쉽게 다른 생각으로 빠지게 된다.

③ **선입견과 판단**

선입견과 판단은 경청의 큰 방해요인이다. 본인이 미리 정해둔 틀을 바탕으로 대화를 이어간다면 경청을 하기 어렵다. 나의 감정이 중립인지, 왜곡된 선입견이나 섣부른 판단이 있지는 않았는지 확인해야 한다.

경청을 위한 핵심기술

① 판단하지 말고 진심으로 들어주기

② 공감하고 있음을 적극적으로 표현해 주기
(눈맞춤 · 고개 끄덕임과 같은 표정과 자세의 변화 및 '아, 음, 그래요' 등과 같은 음성적 반응을 적극적으로 보여준다.)

③ 확실하지 않다면 질문하기

④ 몰입을 방해하는 요소를 차단하기

3. 질문의 기술

피터 드러커는 좋은 질문은 정보를 얻을 수 있고, 훌륭한 질문은 변화를 이끌어낼 수 있다고 말했다. 상대방과의 대화 속 질문이 갈등과 문제 해결의 실마리가 되어 큰 도움이 될 수 있기 때문에 경청과 동시에 똑똑한 질문을 하는 것은 위대한 커뮤니케이션의 기술이라고 볼 수 있다.

열린 질문

YES or NO의 답변이 나오는 질문은 닫힌 질문이다. 대화를 이어나갈 수 있는 열린 질문이 좋은 질문이다.

예) 여름 휴가 다녀오셨어요?
닫힌 질문 ☞ 휴가 어디로 다녀오셨어요?
열린 질문 ☞ 이거 잘 할 수 있겠어요?
닫힌 질문 ☞ 어떻게 하면 이거 잘 할 수 있을까요? 내 말 이해되나요?
닫힌 질문 ☞ 내 말 중에 이해 안 되는 것은 무엇인가요?

긍정 질문

과거를 추궁하는 부정적 질문보다는 미래형의 긍정적 질문으로 바꾸는 것이 좋다.

예) "왜 그랬어?" 부정 질문 ☞ "앞으로 어떻게 하는 게 좋을까?" 긍정 질문
"뭐가 문제야? 뭐 때문이야?" 부정 질문 ☞ "앞으로 잘 하려면 무엇부터 개선하면 좋을까?" 긍정 질문

중립 질문

말하는 사람이 나 자신의 생각이나 결론을 질문에 포함시키지 않고 질문하는 게 좋다.

예) "또 지각이야? 변하지를 않는구나." 결론이 정해진 질문 ☞ "왜 그래? 무슨 일 있어?" 중립적 질문
"성과가 왜 이 모양이야? 어떻게 했길래 늘 똑같지? 왜 노력을 안 하는 거야?" 결론이 정해진 질문 ☞ "성과가 생각보다 좋지 않은데 어떤 부분에 문제가 있었다고 생각하나?" 중립적 질문

질문 전 체크사항

① 질문을 던졌다면 경청하라.
② 대화 속에서 추가적인 질문이 있는지 확인하라.
③ 상대방이 충분히 생각하고 말할 수 있도록 열린 질문을 하라.
④ 과거를 탓하지 말고 미래를 향한 긍정적인 질문을 하라.
⑤ 대화와 질문에 나의 결론을 포함시키지 말고 중립적으로 질문하라.

4. 감사의 기술

감사함을 표현하는 것은 관계 커뮤니케이션뿐만 아니라 사회적 유대관계를 강화시켜줄 수 있다. 긍정 심리학자 소냐 류보머스키도 감사가 행복을 증진시키는 이유로 부정적 감정을 감소시키는 데 큰 도움을 주고 긍정적 경험을 음미함으로써 자기의 존재감을 강화시킨다고 했다.

감사 표현법

① 구체적으로 감사한 상황을 말로 설명한다.
② 내가 어떠한 감정을 느꼈는지 정서적인 부분까지 표현한다.
③ 구체적으로 어떠한 부분에 긍정적 도움이 되었는지 말한다.
④ 감사의 인사로 마무리를 한다.
⑤ 감사함은 생각만이 아닌 표현하고 전달해야 한다는 것을 잊지 말자.

실험 사례 : 와튼 스쿨 경영학과 애덤 그랜트의 콜센터 직원 대상 연구

애덤 그랜트는 스트레스 지수와 이직률이 높은 대학의 콜센터 직원을 대상으로 자신들이 모은 기금으로 혜택을 받은 수혜자들을 만날 수 있는 기회를 제공했다. 5분 동안 자신들이 모금한 기금으로 학생들이 구체적으로 어떠한 도움 등을 받았는지에 대한 설명을 자세히 듣고 감사인사를 받은 직원들은 업무 성과가 매우 향상되었다.
다른 콜센터 그룹과 비교했을 때 통화시간은 2배로 늘어나고 모금액은 약 270% 증가했다.

위 실험 사례에서는 단 5분이라는 짧은 만남을 통해 학생들에게 받은 감사의 인사가 직원들에게 강력한 동기부여가 되었다고 볼 수 있다. 이처럼 감사의 표현은 일의 의미와 가치를 재발견함으로써 사람에게 동기부여를 강하게 해주는 매우 강력한 커뮤니케이션의 기술이라 볼 수 있다.

5. 사과의 기술

잘못이나 실수로 관계가 불편해지고 업무적으로도 피해가 이어지는 경우가 있다. 그 이유는 생각보다 간단하다. 바로 제대로 제때 사과를 하지 않았기 때문이다. 신뢰 회복은 물론이며 건강하고 긍정적인 관계 커뮤니케이션에 있어 칭찬과 감사의 표현만큼이나 중요한 것이 사과의 기술이다.

사과 표현법

① 타이밍

사과는 즉시 하는 것이 좋다. 미안한 감정이 생겼을 때, 문제가 발생한 즉시 사과를 해야 한다. 사과를 미루다 보면 시간이 지날수록 불필요한 오해나 추측 등으로 부정적 감정이 확대되고 이후 상황보다는 감정으로 변질되어 문제 발생의 팩트, 내 잘못 그 이상으로 상대방의 화는 커지게 되며 나의 태도 또한 문제 삼게 될 수 있다.

② 해명과 변명

사과를 하다 보면 해명을 하고 싶어진다. 하지만 해명할수록 상대방 입장에서는 변명으로 느낄 수 있다. 문제가 생긴 이유가 명확할지라도 일단 이 상황에 대한 책임이 분명 나에게 있다는 자세로 진심어린 사과를 해야 한다. 그래야만 사과의 힘이 강해진다. 해명하려 할수록 사과의 힘은 약해진다는 것을 명심하자.

③ 변화의 계획

앞의 상황에 대한 진심어린 사과를 했다면 이제는 이후 비슷한 상황이 생겼을 때 어떻게 할 것인지에 대한 약속, 다짐, 변화의 계획, 의지 등을 구체적으로 말해준다. 이는 단순한 미안함을 넘어 책임감을 전달할 수 있어 신뢰회복에 도움이 될 것이다.

TIP! 상식 더하기

효과적으로 공감하기

① 보조 코멘트를 사용한다 : 어머 그러셨어요? 그렇군요, 느낌이 어땠어요?
② 질문을 한다 : 그럼 주말에 다녀오신 거예요?
③ 동의하는 부분, 공통적인 경험을 함께한다.
④ 다양하게 맞장구를 친다.
⑤ 분명한 말로 반응한다.
⑥ 평가적 반응보다 긍정적 반응을 한다.
⑦ 확인하는 표현을 한다.
⑧ 침묵을 삼간다.
⑨ 상대방에게도 기회를 준다.
⑩ 상대방이 한 말을 반복해서 한다.
⑪ 상대방의 의도를 부연 설명한다.

제 7 장 시간 관리와 스트레스 관리

1. 시간 관리의 중요성

매일 반복되는 일상 속에서 시간을 어떻게 잘 활용하느냐에 따라 비즈니스의 결과와 삶의 풍요도가 달라질 수 있다.

"내게 나무를 벨 시간이 여덟 시간 주어진다면, 그중에서 나는 여섯 시간은 톱날을 가는 데 쓰겠다." 이 말에 대해 여러분은 어떤 생각이 드는가? 목표 달성 관점의 시각에서 에이브러햄 링컨은 톱날 가는 시간 확보를 핵심으로 보았다.

누구에게나 동일하게 주어지는 시간이지만 누군가는 시간 단위로 쪼개어 활용하는 반면 또 누군가는 시간 관리의 중요성을 인식하지 못한 채 살아가기도 한다.

특히나 이번 장은 성과 없이 바쁘기만 한 사람이라면 집중해서 보고 행동으로 옮긴다면 큰 도움이 될 것이다.

2. 시간 관리 매트릭스

스티븐 코비의 시간 관리 매트릭스를 보면 긴급함과 중요성의 정도에 따라 4상한으로 나누어 성공하는 사람들의 시간 관리법을 제시했다.

제1상한

(중요하고 긴급함)

즉각적인 처리가 요구되고 또 그 결과도 중대한 사안들로 보통 제1상한의 활동들을 '기회' '위기' 혹은 '문제'라고 부른다.(졸업 논문/보고서 작성, 시험, 중요 회의, 사고처리…)

제2상한

(중요하지만 긴급하지 않음)

효율적인 시간 관리는 미래 지향적인 제2상한의 일을 중심으로 시간을 활용하는 것이므로 미래를 위한 예방과 준비의 차원으로 잠재적인 생산 능력을 갖게 한다.

인간관계 구축, 새로운 기회 발굴, 중장기 계획 등으로 효과적인 자기 관리의 영역이다.

제2상한의 활동에 많은 시간을 투자하면, 제1상한의 일들을 효과적이고 신속하게 처리할 수 있게 된다.(운동, 건강 관리, 대인관계, 독서, 공부…)

제3상한

(중요하지 않고 긴급함)

시간 관리를 잘 못하는 사람들이 바쁜 이유는 제3상한에 많은 시간을 사용하기 때문이다. 제3상한에 많은 시간을 빼앗기기 때문에 시간 부족을 느끼게 되고 무질서하며 스트레스를 많이 받게 된다. 하루 종일 바쁘게 일했음에도, 정작 중요한 일들은 처리되지 않고 혼란만 가중되어 간다.(팩스 보내기, 전화 받기, 불필요한 회의, 회식 참석하기…)

제4상한

(중요하지도 긴급하지도 않음)

긴급하지도 중요하지도 않은 일이지만 우리는 무의식 중에 이런 일에 많은 시간을 낭비하고 있다. 자신의 낭비되는 시간을 파악하고 폐기함으로써 시간 관리의 효율을 높일 수 있다.(SNS, TV 시청, 유흥, 스마트폰 하는 시간, 게임/오락, 웹서핑…)

3. 똑똑한 시간 관리방법

① 적어라

시간 관리의 첫 단계는 객관적인 나 자신에 대한 평가이다. 내가 평소 시간을 어떻게 쓰고 있는지 일정 기간 구체적으로 적어보고(1주일~2주일 패턴으로 파악하기 좋은 기간) 기록된 나의 시간 씀씀이를 분석해 보는 시간을 갖는다. 상대적으로 너무 많은 시간을 불필요하게 보내고 있음을 알게 된다.

② 우선순위를 파악하라

효과적인 시간 관리를 위해서 가장 먼저 반드시 해야 할 일은 일의 중요한 정도를 고려해 구분짓는 일이다. 스티븐 코비 박사가 제시한 '시간 관리 매트릭스'를 통해 알 수 있듯이 성공적인 비즈니스, 행복한 나의 삶을 위해서는 긴급하지만 중요한 일을 고민하는 데 최대한 많은 시간을 할애해야 한다.

중요도에 따라 목록이 정리되었다면 크게 중요하지 않은 일, 쓸모없는 일들을 가려내어 버려야 한다. 시간 관리가 잘 안 된다면, 시간은 없는데 이 일을 해야 하는가 고민이 된다면 냉정하게 객관화하는 시간을 갖도록 해보자.

③ 일의 경중 객관화 작업

- 왜 해야 하는가?
- 꼭 내가 해야 하는가?
- 꼭 지금 해야 하는가?
- 다른 효율적인 방법은 없는가?
- 내가 아닌 다른 적합한 사람이 있는가?

혹시라도 업무상 내가 굳이 하지 않아도 될 일이라는 결론이 나오면 과

감하게 다른 사람에게 넘겨도 좋다. 다만 이때 잊지 말고 실천해야 할 것들이 있다.

일 위임 시 참고사항

- 위임할 적임자를 잘 찾을 것
- 일을 넘겼다면 지나치게 간섭하지 말 것(지속적인 관찰, 모니터링은 필요하다)
- 위임의 결과를 종합적으로 평가할 것

④ 시간 방해요소를 제거하라

- 미루는 습관을 바로잡자.
- 집중시간을 정하라.
- 거절하라.

시간 관리를 잘하고 실행력이 높은 사람일수록 단호하게 거절을 잘 한다. 지혜롭고 현명하게 적시에 거절하는 것은 매우 중요하다. 나의 시간 확보를 위해 거절의 요령은 꼭 필요하다.

거절의 요령

- 거절의 의사는 확실하고 명확해야 한다.
- 정말 도와주고 싶지만 부득이하게 도울 수 없음을 부드러운 어조로 전한다.
- 대안 제시방법을 활용하자.

무조건적으로 상대의 부탁을 거절한다는 느낌이 아닌 현재 나의 상황이 이러하니 이해를 요청하고 그럼에도 불구하고 당신의 부탁을 언제까지 기한 내에 들어줄 수 있도록 노력하겠다는 의사를 전달하는 것. 상대는 나의 상황을 고려해 더 이상 부탁하지 않을 수도 있다. 그리고 거절하는 나에 대해 부정적인 감정을 덜 갖게 될 것이다.

예시)
"아 어쩌죠? 진심으로 도와주고 싶은데, 제가 지금 급한 보고서 작성 때문에 어렵겠어요."
"지금은 너무 바빠서 안 되는데, 다음에는 꼭 도와드리겠습니다."
"그 일은 제 능력으로는 너무 힘든 일이네요. 하지만 ~~일은 도와드릴 수 있습니다."

예시)
"아… 제가 지금 급하게 처리할 일이 있습니다만, 절 믿고 맡겨주신 일이니 네 알겠습니다. 그런데 지금은 000일을 빨리 마무리해야 하기 때문에 당장은 어렵습니다. 혹시 괜찮으시다면 내일 오전까지 말씀하신 일을 마무리해서 전달드려도 괜찮으실까요?"

4. 스트레스 바로 알기

많은 사람들이 스트레스라는 말은 자주 사용하지만, 스트레스에 대한 정의와 개념은 학자들마다 다르며 통일된 것이 없다. 하지만 스트레스는 대부분 크게 세 가지로 정리할 수 있다.

첫째, 주변 환경이나 사람들로부터 오는 다양한 자극을 스트레스로 여기고 있다.

둘째, 신체적인 반응을 스트레스로 여기고 있다. 이를테면 시험을 앞두고 소화도 안 되고, 심장이 두근거리고, 긴장하고, 입에 침이 마르는 등 신체적인 반응이 전과 같지 않은 상태를 나타낼 때 우리는 스트레스를 받는다고 말한다.

셋째, 똑같은 상황이라 해도 누구나 똑같은 스트레스를 받는 것은 아니다. 그런 면에서 스트레스는 개인차가 있다. 발표를 앞두고 심한 스트레스를 받고, 잠을 못 자고, 한숨을 쉬고, 몸이 떨리는 사람이 있는가 하면, 그 시간이 빨리 오기를 바라고, 자신이 준비한 내용을 빨리 발표하고 싶어 하고, 자신이 인정받을 수 있는 좋은 기회라고 생각하는 사람도 있다. 똑같은 시험이지만 한 사람은 스트레스를 받고 있고, 한 사람은 스트레스를 받지 않는 상황이다.

스트레스의 종류

심리학자들은 스트레스를 부정적인 스트레스와 긍정적인 스트레스로 나눈다.

부정적인 스트레스 dis stress

긍정적인 스트레스 eu stress

영어에서 dis라는 단어가 접두어로 사용되면 좋지 않다는 의미가 된다. 또 eu라는 단어가 접두어로 사용되면 좋다는 의미가 된다. 좋고 나쁘고의 기준은 그 압력의 정도도 포함되지만, 그 일로 인해서 얻어지는 결과와 밀접한 관련이 있다. 다시 말해서, 약간 어렵고 힘든 일이지만, 결국 그 일을 통해서 유익을 얻고, 나 자신도 기분이 좋고 성취감이 있고 발전이 생겼다면 그것은 좋은 스트레스라고 볼 수 있다.

스트레스는 받아들이는 사람의 주관적 해석에 따라 달라지고, 그 사람의 성장배경, 심리구조, 과거의 경험, 성격, 신앙, 사회적 위치 등에 따라 달라진다.

스트레스가 내 삶의 행복 감정에 반복적으로 부정적 영향을 끼친다면 일상생활은 물론 비즈니스를 넘어 건강까지도 위협받게 된다. 하지만 우리의 삶에 있어 스트레스는 어쩔 수 없이 동반된다.

사회생활을 하면서 쉽게 내뱉는 말 중 대표적인 것 중 하나가 바로 '아~ 피곤해. 정말 스트레스야'라는 말일 것이다. 일생 동안 스트레스를 유발하는 일은 아주 많고 우리는 다양한 형태의 사건들로 발생하는 그 스트레스를 피해갈 수도 없다.

[정신건강 상태, 우울증 셀프 체크]

각 문항에서 현재 나의 상태를 생각해 보고 해당 점수에 체크하여 마지막에 최종 합산을 해준다.

No	문항	체크
1	나는 슬프지 않다.	0
	나는 슬프다.	1
	나는 항상 슬퍼서 그것을 떨쳐버릴 수 없다.	2
	나는 너무나 슬프고 불행해서 도저히 견딜 수 없다.	3

2	나는 앞날에 대해서 별로 낙심하지 않는다.	0
	나는 앞날에 대해서 비관적인 느낌이 든다.	1
	나는 앞날에 대해 기대할 것이 아무것도 없다고 느낀다.	2
	나의 앞날은 아주 절망적이고 나아질 가망이 없다고 느낀다.	3
3	나는 실패자라고 느끼지 않는다.	0
	나는 보통 사람들보다 더 많이 실패한 것 같다.	1
	내가 살아온 과거를 돌아보면 생각나는 것은 실패뿐이다.	2
	나는 인간으로서 완전한 실패자라고 느낀다.	3
4	나는 전과 같이 일상생활에 만족하고 있다.	0
	나의 일상생활은 전처럼 즐겁지 않다.	1
	나는 요즘 어떤 것에도 참된 만족을 얻지 못했다.	2
	나는 모든 것이 다 불만스럽고 지겹다.	3
5	나는 특별히 죄책감을 느끼지 않는다.	0
	나는 죄책감을 느낄 때가 많다.	1
	나는 거의 언제나 죄책감을 느낀다.	2
	나는 항상 늘 죄책감을 느낀다.	3
6	나는 벌을 받고 있다고 느끼지 않는다.	0
	나는 아마 벌을 받을 것 같다.	1
	나는 벌을 받아야 한다고 느낀다.	2
	나는 지금 벌을 받고 있다고 느낀다.	3
7	나는 나 자신에게 실망하지 않는다.	0
	나는 나 자신에게 실망하고 있다.	1
	나는 나 자신이 혐오스럽다.	2
	나는 나 자신을 증오한다.	3
8	내가 다른 사람보다 못한 것 같지는 않다.	0
	나는 나의 약점이나 실수에 대해 나 자신을 탓한다.	1
	내가 한 일이 잘못되었을 때는 언제나 나를 탓한다.	2
	일어나는 모든 나쁜 일들은 다 내 탓이다.	3

9	나는 자살 같은 것은 생각하지 않는다.	0
	자살 생각을 가끔 하지만, 실제로 하지 않을 것이다.	1
	자살하고 싶은 생각이 자주 든다.	2
	나는 기회만 있으면 자살을 하겠다.	3
10	나는 평소보다 더 울지는 않는다.	0
	나는 전보다 더 많이 운다.	1
	나는 요즘 항상 운다.	2
	나는 전에는 울고 싶을 때 울 수 있었지만 요즘은 울고 싶어도 기력조차 없다.	3
11	나는 평소보다 더 짜증을 내는 편이 아니다.	0
	나는 전보다 더 쉽게 짜증이 나고 귀찮아진다.	1
	나는 요즘 항상 짜증이 난다.	2
	전에는 짜증나던 것도 요즘은 너무 지쳐서 짜증조차 나지 않는다.	3
12	나는 다른 사람들에 대한 관심을 잃지 않고 있다.	0
	나는 전보다 다른 사람들에 대한 관심이 줄었다.	1
	나는 다른 사람들에 대한 관심이 거의 없어졌다.	2
	나는 다른 사람들에 대한 관심이 전혀 없다.	3
13	나는 평소처럼 결정을 잘 내린다.	0
	나는 결정을 미루는 때가 전보다 더 늘었다.	1
	나는 전에 비해 결정을 내리는 데 더 큰 어려움을 느낀다.	2
	나는 더 이상 아무 결정도 내릴 수가 없다.	3
14	나는 전보다 내 모습이 더 나빠졌다고 느끼지 않는다.	0
	나는 나이들어 보이거나 매력 없어 보일까 걱정된다.	1
	다른 내 모습이 매력 없게 변해버렸다고 느꼈다.	2
	나는 내가 추해 보인다고 생각한다.	3
15	나는 전처럼 일할 수 있다.	0
	어떤 일을 시작하려면 특별히 더 많은 노력이 든다.	1
	무슨 일이든 하려면 자신을 심하게 채찍질해야만 한다.	2
	나는 전혀 아무 일도 할 수가 없다.	3

16	나는 평소처럼 잠을 잘 수 있다.	0
	나는 전처럼 잠을 자지 못한다.	1
	나는 전보다 한두 시간 일찍 깨고 다시 잠들기 어렵다.	2
	나는 평소보다 몇 시간씩 일찍 깨고 다시 잠들 수가 없다.	3
17	나는 평소보다 더 피곤하지는 않다.	0
	나는 전보다 더 쉽게 피곤해진다.	1
	나는 무엇을 해도 언제나 피곤하다.	2
	나는 너무나 피곤해서 아무 일도 할 수가 없다.	3
18	내 식욕은 평소와 다름없다.	0
	나는 요즘 전보다 식욕이 좋지 않다.	1
	나는 요즘 식욕이 많이 떨어졌다.	2
	나는 요즘 전혀 식욕이 없다.	3
19	체중이 별로 줄지 않았다.	0
	전보다 몸무게가 2kg가량 줄었다.	1
	전보다 몸무게가 5kg가량 줄었다.	2
	전보다 몸무게가 7kg가량 줄었다.	3
20	나는 건강에 대해 전보다 더 염려하고 있지는 않다.	0
	통증, 소화불량, 변비 등 여러 신체문제로 걱정을 하고 있다.	1
	나는 내 건강이 매우 염려되어 다른 일은 생각하기 힘들다.	2
	건강이 너무 염려되어 아무것도 생각할 수 없다.	3
21	나는 요즘 성에 대해 별다른 관심 변화가 있지 않다.	0
	나는 전보다 성에 대한 관심이 줄었다.	1
	나는 전보다 성에 대한 관심이 상당히 줄었다.	2
	나는 전보다 성에 대한 관심을 완전히 잃었다.	3

⊙**결과**

9점 이하 : 정상

0~16점 : 가벼운 우울증

17~29점 : 중도 우울증

30~63점 : 심한 우울증

[학업 및 직무 스트레스 셀프 체크]

각 문항에 해당 점수를 체크한다.

거의 그렇지 않다 1점 /약간 그렇다 2점 /자주 그렇다 3점 /거의 항상 그렇다 4점

No	문항	체크
1	학교나 직장에 가는 것이 부담스럽거나 두렵다.	
2	업무(학업)에 흥미가 없고 지겹게 느껴진다.	
3	최근 업무(학업)와 관련해 문제가 발생한 적이 있다.	
4	내 업무(학업)능력이 남들보다 떨어진다는 느낌이 자주 든다.	
5	항상 시간에 쫓기면서 일(공부)을 한다.	
6	내 책임이 너무 많은 것 같다.	
7	직장(학교)에서의 일(공동과제)을 집까지 가져가서 할 때가 많다.	
8	내 업무(전공)가 내 흥미에 잘 맞지 않다고 자주 느낀다.	
9	지금 내 상황과 일들이 미래에 대한 긍정적인 전망이 별로 없다고 느껴진다.	
10	나는 요즘 우울하다.	
11	술, 담배, 커피 등을 예전보다 많이 한다.	
12	무기력감을 느끼거나 수시로 멍할 때가 있다.	
13	쉽게 피곤하다.	
14	별 이유 없이 불안하거나 긴장할 때가 있다.	

15	요즘 잠을 잘 자지 못한다.	
16	짜증이 자주 나서 가족이나 주변인들에게 자주 짜증을 내고 자주 다툰다.	
17	사람들과 잘 안 어울리고 혼자 지내는 시간이 많다.	
18	요즘 대인관계가 원만하지 못할 때가 있다.	
19	최근 체중이 늘거나 혹은 반대로 많이 빠졌다.	
20	업무나 학업에 집중하기가 힘들다.	

⊙결과

20점 이하 : 학업 or 직무 스트레스가 거의 없음. 특별한 조치가 필요 없음

20~40점 : 학업 or 직무 스드레스가 약간 있음. 예방적 관리 필요

41~50점 : 위기상황. 대처능력 필요

51~60점 : 경보상황. 전문의 상담 필요

60점 이상 : 매우 위험한 상황. 전문의 상담 시급

TIP! 상식 더하기

육체적 스트레스 질환

미국 스탠퍼드(Stanford)대학교 의과대학 펠레티어(Pelletier) 교수의 연구 결과에 따르면 스트레스가 암을 유발한다고 보았다. 다른 사람에게 인정받으려는 성격, 방어적인 성격, 스트레스를 발산하지 못하는 성격, 이런 사람이 암에 걸릴 확률이 높고, 일단 암에 걸리면 다른 사람에 비해서 암세포의 진행속도도 매우 빠르다는 결과였다.

스트레스를 받으면 우리 몸에서 '코르티솔'이라는 독소가 분비되는데 '코르티솔'이 면역세포인 'NK'세포를 감소시키기 때문에 면역력이 약해져서 암세포를 비롯한 모든 질병에 노출되는 것이라고 한다. 그 밖에 불면증, 고혈압 등에도 큰 영향을 준다고 한다.

심리적 스트레스 질환

스트레스는 모든 정신질환의 원인이다. 정신질환의 가장 가벼운 표현이 스트레스라고 해도 될 것이다. 미국 하버드대학교 의과대학에서 환자들을 상대로 오랜 기간에 걸쳐 연구한 결과, 질병이 감염에 의해서 생기는 것 같지만, 그것은 불과 9%밖에 되지 않는다. 91%의 환자가 스트레스로 인한 질병이 원인이었다고 분석했다. 실어증이 아니라도 '말더듬이'라는 언어장애도 스트레스 때문에 발생한다.

5. 스트레스 관리법

건강한 감정 습관 관리방법 중 많은 학자들이 입을 모아 하는 말은 긍정적인 생각이다. 그러나 우리는 부정적인 기억을 더 오래 한다.

- **뇌의 생존 지향성** Survival Orientation

  스스로에게 위협이 될 것이라고 판단되는 경험을 더 강력하게 기억하려는 습관

● 부정적 편견

부정적인 기억을 오래 간직하는 이유는 본능적으로 생존 지향성이 있어서 나쁜 기억은 감정적으로 위험하다는 신호로 뇌가 판단하기 때문이다. 따라서 위험에서 벗어나려는 의도 때문에 오랫동안 기억된다고 한다.

그렇다면 부정 감정과 나쁜 스트레스를 다스리는 효과적인 방법은 무엇일까? 많은 학자들이 추천하는 것은 바로 '좋은 생각'과 '웃음'이다. 긍정적인 생각과 건강한 웃음은 스트레스 관리에 아주 유리하며 정신건강을 위한 필수요소이다.

웃음에 따른 신체 변화

뇌
- 베타 엔도르핀 분비 촉진
- 뇌내 모르핀 분비 증가
- 기민성과 기억력 높여줌
- 긴장감 풀어줌

폐
- 코르티솔 분비 억제
- 신경조직 이완 통해 폐 속 깊은 곳까지 신선한 산소 공급

위, 간, 대장 등 소화기관
- 인터페론 감마 분비 증가
- 바이러스 저항력 증가
- 각종 소화기암 예방 효과

심장
- 코르티솔(스트레스 호르몬) 분비 억제
- 혈압, 혈당이 정상치 유지
- 혈액순환 개선

요통, 디스크
- 신경펩타이드(엔도르핀, 엔케팔린) 분비
- 촉진통증 억제

혈액
- 자연살해세포(NK) 활성화
- 면역기능 증가, 암세포 공격
- 콜레스테롤이나 중성지방수치 줄여줌

스트레스를 주는 부정 감정 다스리기

스트레스 유발 사건으로 인한 자극과 반응 사이의 공간을 만들어라.

이때 자기 경청의 시간이 필요하다.

나 자신에게 질문하고 경청하는 시간으로 아래 항목들을 활용하면 좋다.

① 자기 경청

- 스트레스 유발상황(사건)은 무엇인가?
- 나는 지금 어떤 감정을 느끼고 있는가?
- 관련된 인물들은 어떤 상황과 감정일까?
- 이 상황에서 내가 원하는 것은 무엇인가?
- 이 상황에서 관련된 인물들이 원하는 것은 무엇인가?
- 내가 할 수 있는 최선의 선택은 무엇인가?
- 결과가 좋지 않더라도 이 상황과 과정에서 배울 수 있는 것은 무엇일까?

-마릴리 애덤스, 『삶을 변화시키는 질문의 기술』

스트레스 유발상황에서 우리는 자극과 반응 사이에 공간 만들기 훈련을 지속적으로 해서 지혜롭게 스트레스를 해결해 나아가야 한다. 혹시 관계, 사람으로 인해 스트레스를 자주 받는 사람이 있다면 스트레스를 극복하는 데 유익한 방법이 하나 있다. 스트레스 유발과 관련된 인물을 문제와 분리하는 것이다.

사람과 문제를 분리하고 내가 지금 느끼는 감정이 무엇인지 냉정하게 집중해 볼 필요가 있다. 우리는 슬퍼도 화를 내고 힘들어도 화를 내고 짜증이 나도 화를 내고 배고파도 화를 내기도 한다. 대체적으로 부정 감정들을 '화'로 표현한다.

객관화 작업

① 현재 느끼는 부정 스트레스 감정을 객관화해야 한다

비즈니스 파트너가 매일 업무 미팅에 늦는다. 업무에 나쁜 영향을 주는 파트너의 지각으로 인해 스트레스가 이만저만이 아니다. 이럴 경우 내가 느끼는 감정이 단순한 화가 아닌 '무시당하는 기분으로 우울하다' 혹은 '일이 자꾸 나에게 넘어와 너무 힘들어 답답하고 이번 프로젝트가 잘못될까봐 불안하다'일 수도 있다.

② 시간이 필요하다

욱, 하는 마음에 참고 참았던 말들을 배설하듯 쏟아낸다면 관계 스트레스는 더욱 최악의 상황으로 치달을 수 있다. 따라서 정서 전환의 시간이 필요하다.

정서 전환방법

나의 기분을 좋게 만들어줄 수 있는 정서 전환의 시간은 꼭 필요하다. 내가 좋아하는 음악을 한 곡 듣거나 그림을 본다거나 아니면 하늘을 봐도 좋겠다. 그렇게 내 마음의 감정을 관찰하면서 계속 덩치가 커져가는 스트레스 지수를 일단 정지시켜야 한다. 이후 문제를 명확히 해서 스트레스를 주는 관계(인물)에게 전달해야 한다. 더 이상 매너 좋은 사람이라는 포장을 위해 나 자신을 타인에게 함부로 상처받거나 스트레스받게 허락하지 말도록 하자.

① 1.5초씩 딱 3번만 천천히 깊게 호흡한다

화가 나고 불쾌하고 짜증이 나는 상태에서 잠시 멈추어 천천히 깊게 호흡을 한다. 5초 동안 숨을 들이쉬고 또 5초 동안 숨을 내쉰다. 세 번 정도만 해도 마음과 몸이 편안해진다. 부정적인 감정이 최고조가 되는 시간은 15초라고 한다. 약 15초간 크게 심호흡을 해서 일단 큰 불부터 끈다고 생각하자.

② 세 발자국만 뒤로 멀어지는 상상을 해라

지금 나에게 부정적 감정을 주는 상황과 요인에서 잠시 벗어나보자. 스트레스를 유발하는 그 상황에서 상상으로 세 발자국 뒤로 떨어져 그 상황을 지켜보자. 심호흡은 여전히 이어간다. 객관적으로 지금 이 상황을 바라보면서 감정과 상황을 분리시킨다.

③ 환경에 변화를 준다

공간에 변화를 주고 내가 좋아하는 것을 의도적으로 찾아서 느끼는 것이다. 커피 한 잔의 여유나 좋아하는 음악을 듣거나 달콤한 초콜릿을 먹어도 좋겠다. 이때 기분 좋은 상상을 해봐도 좋겠다. 예를 들면 상상 여행이나 집 인테리어 등이다. 가고 싶은 여행지를 떠올리며 그곳에서 즐기는 상상을 하는 것이다. 혹은 멋진 집으로 이사했다고 상상한 뒤 마음껏 집안을 근사하게 인테리어하는 상상처럼 기분 좋아지는 생각 또한 도움이 된다.

TIP! 상식 더하기

영국의 한 대학교 루이스 박사 연구팀의 결과에 따르면 독서, 산책, 음악감상, 비디오 게임 등 각종 스트레스 해소방법들이 스트레스를 얼마나 줄여주는지를 측정한 결과, 6분 정도 책을 읽으면 스트레스가 68% 감소됐고, 심박수가 느려지며 근육 긴장이 풀어지는 것으로 나타났다.
스트레스 해소법 2위는 음악감상이었다. 음악감상은 61%를 감소시켰다. 뒤를 이어 커피 마시기는 54%, 산책은 42% 스트레스를 줄여줬다.
즉 독서가 스트레스를 최고로 해소시켜줬다는 결과다.

이유 있는 초콜릿

초콜릿을 먹으면 세로토닌 분비가 급격해지면서 긴장감을 풀어주게 된다. 세로토닌은 사랑에 빠지면 더욱 활성화된다는 호르몬으로도 유명한데 우리가 화가 나거나 울적할 때 단 음식이 생각나는 이유도 아마 이와 연관 있지 않을까.

제 8 장 피드백 커뮤니케이션

1. 피드백이란

직장생활을 해본 사람이라면 연말이나 분기별 혹은 프로젝트가 진행되는 과정에서나 마무리될 때 상사로부터 면담 제안을 받아본 적이 있을 것이다. 피드백의 개념을 쉽게 설명하자면, 이때 전달받게 되는 평가나 결과들을 기준으로 더 나은 상황과 결과를 만들어내기 위한 '성장에 도움이 되는 말'들을 피드백이라고 보면 되겠다. 코칭(Coaching) 더하기 티칭(Teaching)이 바로 피드백이라고 할 수 있겠다.

한 대리는 항상 그게 문제야. 능동적이지도 않고 다소 비관적인 업무태도를 자주 보게 돼…

- 추측성·추상적·감정적 피드백은 실패한 피드백
- 항상보다는 언제인지 정확한 날짜와 시간 등을 언급. 능동적·비관적 업무태도보다는 지각하는 모습, 서류제출 시간을 못 지키는 것 등의 구체적인 행동 언급

- 마지막은 그로 인해 어떤 결과(문제)가 발생했는지 사실을 말해주는 것이 필요하다.

2. 효과적인 피드백 방법

피드백하기 전의 체크사항

① 나이 혹은 직급 무관, 상대방을 존중하는 언행으로 임한다.
② 되도록 독립된 공간이나 사람들이 없는 곳에서 한다.
③ 가벼운 스몰 토크로 분위기를 편안하게 만들어 상대의 긴장도를 완화시켜 준다.

피드백 진행 중 참고사항

① 스몰 토크 이후 본론으로 들어갈 때는 진중한 분위기 전환이 필요하다.
② 핵심 본론을 앞두고 어설픈 상대방 칭찬이나 돌려 말하기 식은 피한다.
③ 주관적인 생각이 아닌 객관적인 사실을 중심으로 전달한다.
④ 현재의 상황과 목표 사이의 차이를 전달하고 현 문제를 인식시켜야 한다.
⑤ 명확한 전달을 위해 추상적인 말보다는 논리적이고 구체적인 말로 전달한다.

피드백의 골든 타임

① 인사 이동 시기나 프로젝트 완료 이후 새 업무 준비 등 과도기가 좋다.
② 문제가 생기면 즉각, 즉시, 바로 한다.(확실한 사실 확인은 필수)

피드백 커뮤니케이션

① 상대방의 이야기를 잘 들어준다.(논리의 빈틈을 찾으며 듣는다)

② 이후 반론이나 변명에 대한 나(조직)의 의견과 주장을 전달한다.

③ 개선책이나 목표 설정 등을 일방적으로 밀어붙이지 않는다.

④ 무시하거나 수직적으로 가르치는 듯한 어조는 절대 도움이 되지 않는다.

⑤ 적절한 언어와 행동반응(리액션)을 보여준다.

3. 생산적인 피드백이란

피드백을 하는 사람뿐만 아니라 그 피드백을 받는 사람에게도 참고하면 좋은 화법은 앞(p.165)에 이미 언급된 PREP 화법이다.

피드백을 받게 되면 자연스럽게 반론을 제기하게 되는데 자칫 잘못하면 이 반론이 형편없는 변명처럼 전달될 수 있다. 따라서 논리적인 말하기가 아주 중요한데 이때 활용하면 좋은 것이 PREP 화법이다.

피드백이 있었다면 이후 당연히 목표 설정에 들어가야 한다.
단순히 잘못을 지적받는 것으로 끝나서는 안 된다.

SMART기법

① Specific 구체성 - 구체적인 목표는?

② Measurable 측정가능성 - 숫자로 나타낼 수 있는가?

③ Achievable 달성가능성- 현실적으로 달성 가능한 목표인가?

④ Realistic 현실성 - 현실적인가?

⑤ Time 시간- 기한 내에 가능할까?

성취욕구가 강한 사람일수록 상대의 피드백을 잘 받아들인다는 연구 결과가 있다.(심리학자 맥클랜드) 때로는 혹독하고 굴욕적이며 처참할 수도 있는 피드백이지만 그 피드백을 통해 나 자신을 더욱 단련시키고 자기 개발을 위해 노력한 사람들은 성공할 확률이 높다는 말일 것이다.

피드백은 단순한 조직의 성장이나 비즈니스의 성공적인 결과를 위한 쓴소리라고 치부하지 않았으면 좋겠다. 행복하고 건강한 나의 미래를 위해 필요한 과정이라고 생각하면 어떨까.

사실 우리의 삶은 피드백의 연속이라 해도 과언이 아닐 것이다. 피할 수 없다면 긍정적으로 받아들이고 생산적으로 눈제를 해결해 나가는 것이 더욱 중요하다.

4. 좋은 피드백이란

말 그대로 좋은 피드백은 일방적이지 않고 상대의 단점과 상황의 문제점을 함께 공유해 바람직한 방향으로 나아갈 수 있게 목표 설정 및 동기부여를 해주는 것이다. 또한 피드백을 받은 상대의 행동에 변화가 나타나야겠고 이 변화로 인해 긍정적인 변화와 결과가 이어져야 한다.

① 좋은 피드백은 객관적이고 분석적이다.
② 객관적이기 위해서는 관찰이 중요하다.
③ 관찰은 관심에서 비롯된다.
④ 관찰을 통해 얻는 기본 정보를 구체적으로 기록하여 제공한다.
⑤ 문제가 커지기 전에 즉각적으로 피드백한다.(필요하다면 수시로)
⑥ 객관적이고 사실적인 상황과 문제만 평가하고 전달한다.
⑦ 상황에 맞는 개별 피드백과 조직 피드백을 준비한다.

⑧ 향상이나 개선사항을 일방적으로 지시하듯 전달하지 않는다.
⑨ 부정적인 감정은 자제한다.
⑩ 이유(변명)를 들어주고 상대방 관점에서 이해하려 노력한다.
⑪ 피드백보다 신뢰가 우선이다.(업무역량과 인품, 인성의 신뢰)
⑫ 피드백은 비난, 지적, 참견이 아니다.
⑬ 가르치려 들지 말자. 피드백은 쌍방향 커뮤니케이션이다.
⑭ 통하는 피드백을 하고 싶다면 평소 나의 신뢰도를 높여야 한다.
⑮ 동기부여, 문제 해결, 목표 설정이 명확해지고 행동의 변화가 나타나야 한다.

5. 열린 자세

피드백은 직무와 관련해 성과 향상과 직결된다. 피드백을 통해 행동이나 방법 등을 개선할 수도 있다. 개인과 조직의 성장과 발전을 위한 미래지향적 활동인 비난이나 질책으로 치부하기보다는 열린 마음으로 받아들이는 자세도 필요하다. 피드백은 크게 강화, 조언, 침묵, 비난의 유형으로 나뉘며, 상황에 따라 적절한 피드백을 통해 상대방과 나, 조직에 긍정적 영향을 줄 수 있도록 해야 한다.

① 강화

바람직한 행동이나 결과에 대해 언급하면서, 지시와 격려를 동반하는 '강화'는 상대방의 자신감을 향상시켜 줄 수 있으며 업무에 대한 동기를 강화시켜 준다. 궁극적으로 업무 성과가 향상되는 순기능을 갖고 있다.

② 조언

부족하거나 잘못된 부분들을 바로잡아서 성과를 향상시키는 데 도움을 주는 피드백으로는 '조언'이 있다. 이는 일정 기대치에 미치지 못하는 행동이나 그에 따른 결과에 대해 어떻게 하면 개선과 보완이 가능한지 보다 구체적인 방법을 제시하거나 권유하는 것이다.

③ 침묵

'강화'와 '조언'에 비해 상대적으로 부정적인 영향을 주는 피드백으로는 '침묵'과 '비난'이 있다. 침묵은 어떤 상황에 있어서 아무런 반응을 하지 않는 것으로, 자신감 저하와 불안감을 초래하게 된다.

④ 비난

표현하지 않는 '침묵'과 달리 '비난'은 지적과 질책으로 반응을 보인다. 기대에 미치지 못하는 행동이나 결과에 대해서 언급하게 되면, 이후 변명이나 핑계, 저항 등을 가져오게 된다. 최악의 경우에는 상황을 회피하면서 문제가 더 심각해지거나 관계 악화, 팀 분위기 와해로 이어질 수 있다.

win-win의 쌍방향 커뮤니케이션

결국 피드백은 win-win을 위한 하나의 쌍방향 커뮤니케이션이라는 것을 잊어서는 안 된다. 피드백하는 요령도 중요하지만, 그 피드백을 받아들이는 사람의 마음가짐과 자세 또한 매우 중요하다. 무엇보다 비난과 간섭, 질책과 참견 등 부정적 시각으로만 치부하지 말고 변화와 성장을 위한 생산적인 기회라고 생각하면 좋겠다. 이러한 열린 자세는 피드백을 수동적으로 받을 때도 좋지만 필요에 의해서 능동적으로 피드백을 요청할 때도 아주 바람직한 자세가 된다. 혹여, 나의 생각과 다른 피드백이 이어진다면 질문과 확인의 과정을 통해 명확하게 내용을 정리하는 자세도 필요하겠다. 그리고 열린 자세로 피드백을 받았다면, 무엇보다 그 이후 적극적인 의지로 반영하고 실천하는 것이 중요하겠다.

제 9 장 보고 커뮤니케이션

1. 보고 커뮤니케이션의 이해

보고서는 자신의 생각을 정리해서 표현한 글이나 문서를 말한다. 보고서는 대내외적으로 공식적인 의사소통의 수단이자 법적, 행정적 책임의 근거가 될 수 있다. 보고서는 업무 집행과정과 결과 그리고 평가 등을 기록하고 공유하며 보존하는 역할도 갖고 있다. 그런 만큼 보고서는 업무 처리에 있어서 지침이 될 수 있으며 개인과 조직을 움직이는 힘도 갖고 있다.

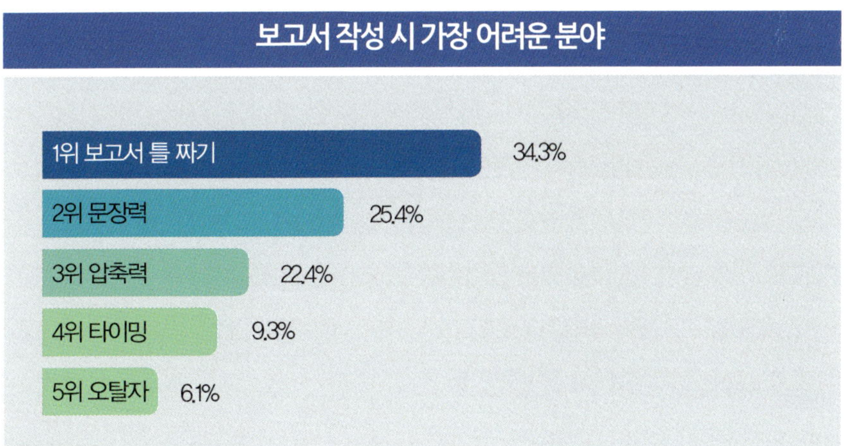

출처 : 경남도민일보(09.05.15)

보고서 작성 능력이 곧 직장인의 업무 능력으로 이어지기도 한다. 효율적인 업무 커뮤니케이션과 문제 해결을 위해서 필수적으로 요구되는 것 또한 보고서 작성 능력이다.

보고서 작성 시 가장 먼저 고려해야 할 것은 보고를 받는 '수령자가 누구'인가다. 그에 따라서 보고서의 내용과 형식은 물론이고 구체성과 정도, 수준 등을 고민해서 작성해야 하기 때문이다. 보고서 작성은 수령자가 기준이 되어 눈높이에 맞춰 진행되어야 한다.

보고도 마찬가지다. 잘 작성된 보고서라 해도 발표능력, 전달력 부족으로 평가절히되기도 한다. 일할 때 인정받는 사람들은 성과가 있고 그 성과를 보고로 어떻게 전달하느냐, 즉 보고 능력으로 크게 달라진다. '일에 관한 내용이나 결과를 말이나 글로 알림'이라는 사전적 의미 그대로 보고는 '업무의 언어'인 것이다. 결국 어떤 일을 어떻게, 얼마나 의미있게 성과를 내고 있는지 '보고'로 말해야 하는 것이다.

한마디로 보고는 '나 자신에게 유리한, 일하는 티를 똑똑하게 내는 장치'라고 볼 수 있다. 하지만 대한민국 직장인들은 보고를 어려워한다.

	우수	보통	기초	기초미달	기초+기초미달
말하기	4.4%	27.4%	48.7%	19.4%	68.1%
듣기	33.7%	36.3%	20.3%	9.7%	30%
읽기	22.7%	38.1%	30.2%	9%	39.2%
쓰기	3.6%	27%	43.1%	26.3%	69.4%
문법	17.9%	37.5%	32.5%	12%	44.5%

출처 : 2015 국립국어원

국립국어원의 자료에 따르면 '쓰기'의 실력이 기초+기초미달인 직장인이 무려 69.4%를 차지한다. 68.1%로 말하기 실력 또한 기초+기초미달이다. 즉, 대한민국 직장인들은 보고서 작성과 보고를 어려워하고 있다는 말이 될 수 있겠다.

보고가 어려운 이유는 보고에는 정답이 없기 때문일 것이다. 그럼에도 불구하고 보고의 오류를 줄여 인정받는 직장인이 되기 위해서는 보고 전 3가지 사전 체크가 필수다.

보고의 오류를 줄이기 위한 사전 체크 3가지

첫째, 보고의 목적
둘째, 보고의 범위
셋째, 마감 시간

2. 보고의 유형과 접근방식

보고의 유형은 크게 목적과 실행 여부를 통해서 4가지로 구분할 수 있다. 정보 전달 및 시사점 도출의 분석 보고(현상 · 동향 · 이슈 · 실태) 그리고 문제 정의 및 과제 해결을 위한 기획 보고(개선 · 제안 · 정책)과정 및 결과, 액션 플랜, 상품 설명과 서비스 이해의 설명 보고(계획 · 결과 · 상품 · 서비스), 마지막은 구체적인 요구사항을 전달하는 요청보고(협조 · 검토 · 대응)로 구분한다.

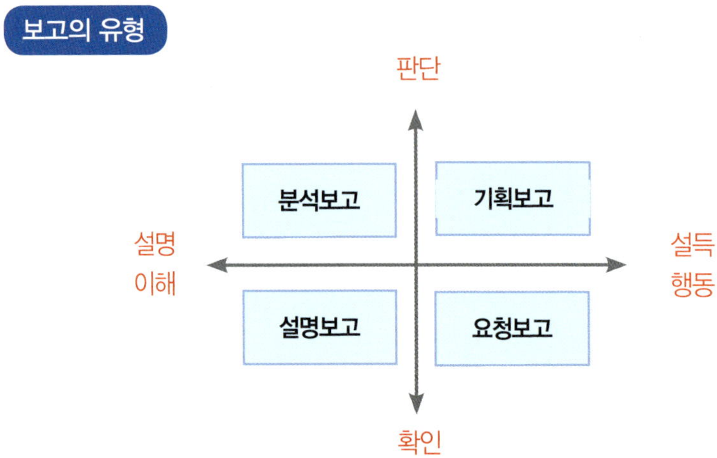

보고 전 확인 질문 3가지

첫째, 핵심이 무엇인가(What)
둘째, 왜 해야 하는가(Why)
셋째, 어떻게 하자는 건가(How)

보고를 할 때는 명확한 핵심이 있어야 하고, 그 핵심을 15초 내외의 문장으로 짧게 요약해서 말할 수 있어야 한다. 보고자 스스로 보고의 핵심 내용을 명확히 정리해서 설명하지 못한다면 절대 수령자를 설득할 수 없다. 한마디로 보고하려는 내용의 핵심 결론, 최종 결론을 짧고 임팩트 있게 정리할 수 있어야 한다는 말이다.

그리고 보고를 받는 사람, 수령자, 즉 의사 결정권자의 입장을 고려해서 왜 해야 하는지 확실한 Why가 있어야 한다. 보고자가 제시하는 How는 실행 가능을 위한 구체적인 방법과 수단을 타당한 근거를 바탕으로 전달해야 설득력이 커진다.

3. 유형별 보고방법

① 기획보고

- 기획보고는 의사 결정을 위한 전형적인 설득형 구조로 구성
- 주장과 근거의 관계를 논리적으로 연결하는 것이 매우 중요

<table>
<tr><td rowspan="4">기획보고</td><th colspan="2">문제를 해결을 위한 아이디어 or 대안 수립의 내용 전달 보고</th></tr>
<tr><td>의견 제시 : 제안 보고</td><td>보고자의 아이디어를 관철시키기 위해서 명확하고 적절한 논거를 제시해야 함</td></tr>
<tr><td>해결안 제시 : 개선 보고</td><td>문제의 원인을 상세히 규명하고 개선 대책 수립과 해결 효과를 함께 제시해야 힘</td></tr>
<tr><td>방향 제시 : 정책 보고</td><td>관련 사실을 다양한 관점에서 분석해 종합적 업무 방향을 제시해야 함. 핵심 위주로 간결하게 보고</td></tr>
</table>

② 설명보고

- 설명보고는 이해를 위한 전형적인 설명형 구조로 구성
- 관련 사례 등을 제시해서 이해를 돕고 결과에 따른 성과와 향후 과제를 설명하는 것도 중요

<table>
<tr><td rowspan="4">설명보고</td><th colspan="2">사실에 입각한 충분한 정보로 쉽고 정확하게 설명해서 이해시켜야 함</th></tr>
<tr><td>실행 전파 : 계획 보고</td><td>구체적인 절차 · 방법 · 일정과 업무 목표 · 추진 방향 등을 명확하게 파악할 수 있게 보고해야 함</td></tr>
<tr><td>성과 전달 : 결과 보고</td><td>특정 업무의 결과 보고</td></tr>
<tr><td>혜택 전달 : 상품 · 서비스 보고</td><td>설득을 목적으로 하는 기획형과 이해를 목적으로 하는 설명형 보고</td></tr>
</table>

③ 요청보고

- 요청보고는 업무 효율을 높이는 것이 목적
- 상대가 무엇을 왜 해야 하는지 정확히 알 수 있게 하는 것이 중요

<table>
<tr><td rowspan="4">요청보고</td><td colspan="2">원활한 업무 소통을 위한 입장 정리와 요구 전달</td></tr>
<tr><td>행동 촉구 : 협조 보고</td><td>상대방이 무엇을 해야 하는지 구체적으로 정확히 전달</td></tr>
<tr><td>타당성 확인 : 검토 보고</td><td>오류 발견을 위한 타당성 확인 여부 요청. 검토 내용과 사유를 확실하게 정리해서 요청하는 게 핵심</td></tr>
<tr><td>방책 마련 : 대응 보고</td><td>예방 대책과 발생 후 대책 마련을 위한 태도및 행동 등의 구체적인 지침을 준비하는 게 핵심</td></tr>
</table>

④ 분석보고

- 복잡한 현상이나 대상, 개념을 분석해서 보고
- 조직이나 상사, 고객이 원하는 내용을 객관적이고, 논리적으로 분석해서 제시하는 게 중요

<table>
<tr><td rowspan="4">분석보고</td><td colspan="2">대상을 밝히고 일정 기준에 따라 분석한 후 결과 보고</td></tr>
<tr><td>사실 확인 : 현상 보고</td><td>조직과 기관 내외부의 사건과 상태를 목적에 맞게 조사 후 객관적 결과와 조사자의 종합의견을 분석형태로 보고</td></tr>
<tr><td>쟁점 정리 : 이슈 보고</td><td>이해관계자에게 미치는 파급효과가 크므로 위험요인에 따라 대비하고 기회요인을 찾아내는 게 핵심</td></tr>
<tr><td>트렌드 공유 : 동향 보고</td><td>조직과 기업이 사회 변화에 반응하기 위해 해당 트렌드를 분석, 보고</td></tr>
</table>

출처 : 채종서, 보고서 발표 실무 강의 2021, 한빛미디어. 부분 발췌 응용

4. 보고력을 키우는 6가지 능력

보고를 잘 하기 위해 요구되는 자질과 능력은 무수히 많을 것이다. 그중에서 보고 수령자, 상사의 마음을 사로잡을 수 있는 핵심 보고력 6가지가 있다. 문해력, 조사력, 기획력, 표현력, 전달력, 분석력. 이 6가지를 고루 갖추면 두 배로 인정받는 보고를 할 수 있을 것이다.

① 문해력

상사의 지시를 정확하게 해석할 수 있는 능력

② 조사력

가설을 세워서 적절한 자료를 찾는 능력

③ 기획력

사실을 판단하고 주장을 만드는 능력

④ 표현력

내용에 적합한 형식으로 보고서를 쓰는 능력

⑤ 전달력

상사가 이해하고 의사결정할 수 있게 설명하는 능력

⑥ 분석력

자료에서 사실을 도출하는 능력(김철수, 2018)

5. 보고를 잘하는 법

통하는 보고를 하기 위해서는 지시한 사람이 무엇을 원하는지 먼저 파악해야 한다. 보고의 목적이 무엇인지 정확히 파악하고 보고해야 할 핵심 내용을 구성할 때는 먼저 보고받는 사람의 입장이 되어서 고민하고 정리해야 한다.

① 인정받는 보고의 기준

- 신속성 : 다음 단계 추진 방향을 빠르게 설정, 문제점 개선안 마련을 위한 업무 관련 이슈에 대해 신속하게 보고하기
- 객관성 : 객관적 사실과 보고자의 의견을 명확히 구분해서 보고하기 개인적 의견 강조 시 문제 확대와 업무 파악에 혼선이 생길 수 있음

- 융통성 : 장기간 진행되는 업무가 아니더라도 시기적절한 중간 보고는 업무 추진과 효율 증대에 도움을 줌

② 통하는 보고를 위한 팁

- 자주 질문하기 : 보고의 방향과 포인트를 정확히 하기 위해 질문을 하면서 의도와 요지를 파악하기
- 논리적으로 구성하기 : 객관적인 데이터를 바탕으로 보고해야 신뢰감이 상승
- 예상 질문 답변 준비 : 보고 이후 예상되는 질문의 답변까지 미리 준비해서 보고하기
- 짧고 쉽게 보고하기 : 간단 명료하게 요약해서 말하기. 보고의 핵심을 서두에 간결하게 말하기
- 성향 파악하기 : 보고를 받는 수령자의 유형을 파악하기. 구두 보고 선호, 이메일 선호, 객관적 수치 선호 등 취향에 따라 보고방식을 달리하기
- 해결방안까지 제안 : 문제점과 원인 분석 등의 단순 보고를 넘어서 대안, 해결방안까지 제시하기

참고문헌

- 프로패셔널 이미지 메이킹(경춘사)
- 고객서비스실무(한올)
- 비즈니스 매너(뱜파스)
- 비즈니스 매너와 글로벌 에티켓(한올)
- 인류 최고의 설득술(쌤앤파커스)
- 현대인과 정신건강(시그마프레스)
- LEO자기경영발전소 DISC강사양성과정자료
- 펼치면 매너가 보인다(현학사)
- 공직자 민원응대 매뉴얼(행정안전부)
- 글로벌매너와 에티켓(백산출판사)
- 글로벌비즈니스 매너와 에티켓(한올)
- 올댓매너(백산출판사)
- 보고서 발표 실무 강의(한빛미디어)
- 잘나가는 직장인의 커뮤니케이션은 다르다(성안당)
- 보고서 검토 기술(새로운제안)

저자소개

한수정

기업교육전문 피플앤스피치 대표강사인 저자는 대기업과 대학은 물론 교육부 중앙교육연수원, 공무원교육원, 경찰인재개발원을 비롯한 전국의 공공기관 외래교수로 국제 의전과 스피치커뮤니케이션을 교육하고 있다.

대표 저서로는 말마중 / 매력, 스며든다 / 내 말은 그게 아니었어요 / 잘나가는 직장인의 커뮤니케이션은 다르다 / 셀프 이미지메이킹과 브랜딩 전략 / 셀프 진로설계와 취업면접 등이 있다.

우소연

기업교육 강사로 활동 중인 저자는 커뮤니케이션, 비즈니스 매너, 취업컨설팅 등 다양한 분야에서 교육생들과 소통하고 있다. 특히 경찰, 소방공무원 대상의 민원응대, 친절교육 등의 서비스커뮤니케이션 전문강사로도 활약 중이다.

대표 저서로는 셀프 이미지메이킹과 브랜딩 전략 / 셀프 진로설계와 취업면접 등이 있다.

저자와의
합의하에
인지첩부
생략

글로벌 비즈니스 매너와 커뮤니케이션

2020년 5월 30일 초 판 1쇄 발행
2022년 8월 30일 제2판 1쇄 발행
2024년 1월 30일 제2판 2쇄 발행

지은이 한수정 · 우소연
펴낸이 진욱상
펴낸곳 (주)백산출판사
교 정 성인숙
본문디자인 이문희
표지디자인 오정은

등 록 2017년 5월 29일 제406-2017-000058호
주 소 경기도 파주시 회동길 370(백산빌딩 3층)
전 화 02-914-1621(代)
팩 스 031-955-9911
이메일 edit@ibaeksan.kr
홈페이지 www.ibaeksan.kr

ISBN 979-11-6567-554-7 13190
값 21,000원